KINZAI バリュー叢書

種類株式を活用した
事業承継・相続対策

公認会計士・税理士

都井　清史 [著]

一般社団法人 金融財政事情研究会

■はじめに

本書は平成20年2月に金融財政事情研究会より刊行した『中小企業のための種類株式の活用法─会社法で変わる事業承継対策』を現状にあわせて大幅に加筆、修正したものです。

前著の発行から10年が経過し、中小企業の事業承継・相続対策において種類株式が実際に使われるようになりました。

種類株式は先駆的な上場会社等の大企業でも用いられるようになったのですが、本書では中小企業での事業承継・相続対策での利用を想定して解説しています。

また、中小企業では議事録等の書類の整備が十分でない場合があるため、本書では定款や議事録等の書式モデルを多く掲載して、実務に役立つよう工夫しました。

種類株式制度の普及にあたっての最も大きな障害は、税務上の評価が明確でない点にあったのですが、これに関してはその一部について国税庁が指針を示したことで、制度の利用についての安心感が広がったようです。

ただし、種類株式の内容によってはいまだに税務上の評価が明確でない点もあり、その部分については、やはり依然として制度の利用が進んでいないのも事実です。

種類株式は、料理にたとえればニンジンや大根に当たり、味付けや料理の仕方は料理人の腕次第です。

さらに使い方次第で毒にも薬にもなります。

読者の皆様には、ぜひとも薬として使っていただければ幸い

です。

　最後に本書の出版にご尽力いただいた株式会社きんざい出版部の皆様、恩師である神戸大学名誉教授　高田正淳先生に深くお礼を申し上げます。

　平成30年4月1日

公認会計士・税理士

都井　清史

目　次

第 1 章
会社法と少数株主対策

1　会社法の基本理念と少数株主権の拡充 ································· 2

2　株式会社の機関設計 ··· 10

第 2 章
具体的な少数株主対策とその限界

1　金庫株による事業承継対策 ··· 15

2　金庫株の取得 ··· 20

3　少数株主対策の重要性 ··· 22

　(1)　少数株主権の内容 ··· 22

　(2)　従業員持株会と単独株主権・少数株主権 ························· 28

4　具体的な少数株主対策 ··· 31

　(1)　新たな少数株主を生まない工夫と、会社自身による少数
　　　株主からの株式の買取りの促進 ····································· 31

　(2)　税制上の支援措置 ··· 42

　(3)　少数株主権を念頭に置いた機関設計 ······························· 43

5　少数株主をなくす方法 ··· 52

第3章

種類株式の概要

1	種類株式とはどのようなものか	56
2	種類株式の種類と実務	59
3	種類株式の発行手続	64
4	種類株式のデメリット	67

第4章

優先株式・劣後株式の活用法

1	優先株式・劣後株式とは何か	72
2	配当優先株式の定め	75
3	参加型と非参加型優先株	79
4	累積型と非累積型	81
5	相続税法での評価について	82
6	配当優先株式の限界について	86

第5章

議決権制限株式の活用法

1	議決権制限株式とは	90
2	事業承継への活用	91
3	議決権制限株式の発行方法	94
4	ベンチャーキャピタルへの活用	99

5	合弁会社への活用	100
6	単独株主や少数株主への配慮	101
7	同族会社について	103
8	議決権制限株式の所有者がもつ拒否権について	104
9	ケース・スタディへの当てはめと相続税法上の評価額	107
(1)	完全無議決権株式の採用	107
(2)	相続税法上の評価額について	107
(3)	取得請求権付株式の活用	109

第6章

譲渡制限株式の活用法

1	譲渡制限株式とは	113
2	譲渡を承認する機関	117
3	種類株式の組合せ	119
4	先買権者・買受人の指定	120
5	譲渡制限株式の発行方法	122
6	譲渡制限株式の譲渡の承認	127
(1)	株式譲渡の承認に係る取締役会議事録（取締役会を設けている場合）	128
(2)	株式譲渡の承認に係る取締役会議事録（取締役会を設けている場合で、取締役全員の同意によるみなし決議による場合）	130

(3) 株式譲渡の承認に係る株主総会議事録（取締役会を設け
ていない場合）·· 132

7 譲渡制限株式の限界 ·· 134

8 ケース・スタディへの当てはめ ·· 135

第7章
取得請求権付株式の活用法

1 取得請求権付株式とは ·· 138

2 事業承継対策での活用 ·· 140

3 ベンチャーキャピタルへの活用 ·· 143

4 第三者割当増資への活用 ··· 145

5 従業員持株会への活用 ·· 147

6 取得請求権付株式の発行方法 ·· 148

7 株式の買取価額の問題 ·· 152

8 取得請求権の対価の種類 ··· 153

第8章
取得条項付株式の活用法

1 取得条項付株式とは ·· 156

2 事業承継における活用 ·· 158

3 資金調達における活用 ·· 161

4 株式上場時の活用 ··· 163

5	従業員持株会での活用	165
6	取得条項付株式の発行方法	166
7	取得条項付株式の取得方法	171

第9章

全部取得条項付株式の活用法

1	全部取得条項付株式とは	174
2	100％減資での活用	175
3	全部取得条項付株式の利用の手順	177
4	少数株主対策での活用	180

第10章

拒否権付株式の活用法

1	拒否権付株式とは	183
2	事業承継での活用	184
3	拒否権付株式のリスク対策	187
4	ベンチャーキャピタルへの活用	189
5	合弁会社への活用	190
6	所有と経営の分離への活用	191
7	買収防衛策としての活用	193
8	拒否権付株式の発行方法	194
9	税法での評価について	197

目　次　vii

第11章
役員選任権付株式の活用法

1	役員選任権付株式とは	201
2	事業承継での活用	203
3	通常の役員選任・解任での活用	205
4	ベンチャーキャピタルへの活用	207
5	合弁会社への活用	208
6	資本提携等での活用	209
7	役員選任権付株式の発行方法	210

第12章
株主ごとの異なる定めの活用法

1	株主ごとの異なる定めとは	216
2	属人的株式の発行方法	220
3	税務上の留意点	222

第13章
平成19年度税制改正における種類株式の評価

1	無議決権株式（第一類型）の評価について	226
2	配当優先の株式（第一類型）の評価について	230
3	社債類似株式（第二類型）の評価について	231
4	拒否権付種類株式（第三類型）の評価について	232

コラム◆遺言書について ………………………………… 233

事項索引 ……………………………………………………… 234

会社法と少数株主対策

1 会社法の基本理念と少数株主権の拡充

　平成18年5月1日から施行されている会社法の基本理念は、債権者保護にあるといわれています。

会社法の基本理念 ➡ 債権者保護

　会社法は私法の一般法である民法から派生した商法の特別法であり、商法の基本理念をそのまま引き継いでいます。

　会社法は会社を取り巻く利害関係者の利害を調整する法律なのですが、株式会社に対する利害関係が最も強い者として債権者と株主を想定しました。

　そして株主の利益と債権者の利益を比較衡量して両者の利害を調整することを考えたのです。

会社法

➡ 株主の利益と債権者の利益を比較衡量

➡ 両者の利害を調整

　この「比較衡量」という言葉が会社法の理解の最大のポイントです。具体的には天秤を思い浮かべてもらうといいのですが、軽いほうに分銅を載せる、つまり弱いほうに権利を与えて

2

両者の力を対等にするというのがそもそもの発想です。

> **比較衡量**
> ➡ 天秤の軽いほうに分銅を載せる
> ➡ 弱いほうに権利を与えて両者の力を対等にする

それでは下図をご覧ください。

会社法の本来的役割：株主と債権者の利益の比較衡量

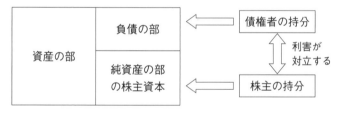

　貸借対照表でいえば株主は純資産の部の株主資本に、債権者は負債の部にそれぞれ対応しています。それぞれの持主が株主と債権者といってよいでしょう。

　この両者は基本的には仲が悪いと思ってください。なぜかというと、どちらも権利を主張して会社のお金の取合いをするからです。このように両者の利害が基本的に相反することから、会社法は両者の利害調整を図ることにしたのです。

> **株主は純資産の部の株主資本に、債権者は負債の部にそれぞれ対応**
> ➡️ 両者は基本的には仲が悪い
> ➡️ 会社法は両者の利害調整を図ることにした

　法律上、株式会社は株主が所有しているのですが、この株主は出資する責任を負うだけで、会社が倒産しても会社債権者に対して直接責任を負わない制度になっています（会社法第104条）。

　これを株主有限責任制というのですが、口の悪い実務家は株主無責任制といっています。

　実際、株主は出資する責任を果たした後は、それ以上の責任は負いませんから、株主無責任制のほうが実態をとらえているといえるかもしれません。

　ただし日本の中小企業は金融機関からの借入れの際に、通常は経営者の債務保証を求められる結果、中小企業では株主＝オーナー経営者は有限責任ではなくなるのですが、これはまた別の次元の問題です。立法段階ではそこまで予想していなかったように思います。

> **株主有限責任制** ➡️ 実質は株主無責任制

　また、株主総会が最高の意思決定機関とされているのに対し

て、債権者は（債権者）総会すら開くことができません。つまり債権者は株式会社の経営に口を出す権利を与えられていないのです。

　会社が倒産した後に債権者集会が開かれることはありますが、これは「後の祭り」です。

　こういったことから債権者の立場が相対的に株主よりも弱いことになるため、会社法は弱者である債権者を保護しようと考えました。

債権者の立場が相対的に株主よりも弱い
　➡　会社法は弱者である債権者を保護しようと考えた

　ただし、法的な弱者は何も債権者だけではありません。

　株主のなかでも少数株主は法的な弱者の典型例です。少数株主は株主総会の多数決で必ず負けるからです。

　このため、会社法はその前身の旧商法の時代である昭和25年から少数株主保護を図ってきたのですが、その内容は十分ではなく、平たくいうと機能不全に陥っていました。

法的な弱者は債権者だけではない
　➡　株主のなかでも少数株主は法的な弱者の典型
　➡　少数株主保護を図った（しかし旧商法では機能不全だった）

第1章　会社法と少数株主対策　5

また一方で会社法は、中小企業の典型である株式譲渡制限会社を株式会社の基本としました。

　この株式譲渡制限会社とは、会社の定款にすべての株式の譲渡について会社の承認を必要とすると謳っている会社で、別名を閉鎖会社といいます（なお逆に一部でも株式の譲渡について会社の承認を必要としない会社を公開会社と呼んでいます（会社法第2条第5号））。

　ここで会社法の前提となる会社としては上場会社のような大企業ではなく、八百屋さんの法人成りのような町のお店的な小企業を想定したわけです。

　会社法施行前は小企業向けに有限会社法という法律があったのですが、会社法施行と時期を同じくして有限会社法はその役目を終えて廃止されています。

　この廃止された有限会社法が大きくなって復活したのが会社法です。つまり、会社法という法律全体が小規模な閉鎖会社を前提に構築されています。

会社法の前提となる会社は大企業ではない

➡ 八百屋さんの法人成りのような中小企業

有限会社法は廃止

➡ これが大きくなって復活したのが会社法

　旧商法の基本原理としては、株主をその持株数に応じて平等に取り扱うという「株主平等の原則」が理論的な柱になってい

ました。

しかし会社法は、株主平等よりも小会社を前提にした有限会社法の基本原理である「定款自治の原則」を優先させており、株主平等の原則は維持されているにせよ、大きく後退しています。

旧商法の基本原理

➡ 株主をその持株数に応じて平等に取り扱うという「株主平等の原則」

会社法の基本原理

➡ 小会社を前提にした有限会社法の原理である「定款自治の原則」

この「定款自治の原則」は定款で（法令に違反しない限り）何でも規定できるため、学者の隠語では「何でもありの原則」といいます。

この定款変更は原則として株主総会の特別決議(注)で可能であり、大株主は会社の憲法である定款を自由に変更できます。

(注) 特別決議とは原則として議決権を行使できる株主の議決権の過半数を有する株主が出席し、出席した株主の議決権の3分の2以上の多数決で行う決議です（会社法第309条第2項）。

このことから「定款自治の原則」は大株主が自分に都合がいいように自由に憲法を改正できるため、実質的には「弱肉強食の原則」であるといってよいでしょう。

第1章　会社法と少数株主対策　7

ただしこれは私が勝手にいっているだけで、学者の隠語でも何でもありません（笑）。

定款自治の原則

➡ 何でもありの原則

➡ 実質的には弱肉強食の原則

　定款自治が徹底されると、大株主が定款を自由に変更できるため、ただでさえ弱者である少数株主の立場がますます弱くなります。

　私法特有の、弱い者贔屓の母性本能豊かな会社法が、これを黙って見過ごすわけにはいきません。

　結論的に会社法では、相対的に弱者となる少数株主の保護を強力に推し進めました。

　具体的には少数株主に、大株主に対抗しうるさまざまな権利を与えたり、既存の権利を強化したりしました。

定款自治の徹底

➡ ただでさえ弱者である少数株主の立場がますます弱くなる

➡ 相対的に弱者となる少数株主保護を強力に推し進めた

➡ 少数株主にさまざまな権利を与えたり、既存の権利を強化したりした

この少数株主権の拡充が、大株主である事業経営者（オーナー経営者）にとって、大きな潜在的脅威となっています。
　事業承継対策を考えるにあたっては、実務上この少数株主権への配慮が必要不可欠となったのです。

少数株主権の拡充

→ 大株主である事業経営者にとっては大きな潜在的脅威となっている

→ 事業承継対策において少数株主権への配慮が必要不可欠となった

2 株式会社の機関設計

　会社法では株式会社の機関設計に関して、旧有限会社の機関設計と同じモデルを基本としています。

　いわゆる２階建てモデルといわれているもので、株主総会と取締役だけで会社が成立します（会社法第295条第１項、第326条第１項）。

　このモデルでは、会社の所有（株主）と経営（取締役）の一致が前提となっています。

　株主と取締役がそれぞれ１人で、かつ両者が同じ人でもまったく問題ありません。

　したがってこの場合、株式会社は１人で完結することができます。

　この機関設計では、株主総会で取締役を選任するものの、株主＝取締役であることが前提となっており、取締役は原則として代表権をもつ代表取締役となります。

　仮に取締役が数人いる場合に、そのなかから代表取締役を選

任することは、代表取締役以外の取締役から代表権を奪うことになります。

　また株主＝取締役、つまり同じ人という前提から、株主の利益は取締役の利益であるため、取締役が株主の利益を図っているかどうかをチェックする監査役を置くことは強制されません。

　利益の相反がないため、監査役を置くことに意味がないからです。

　なおこの場合であっても、取締役を3名以上設けて取締役会を設置し、さらに監査役を設置することは問題ありませんし、実際に多くの中小企業ではそのように機関設計をしています。

　中小企業ではどこでもワンマン経営が普通なのですが、経営者によっては信頼する参謀の意見を尊重するタイプもいます。

　どちらかといえば、そのタイプの経営者のほうが結果的にうまく企業を経営する傾向があり、取締役会がお飾りでない場合には、これは理想的な機関設計であるともいえるでしょう。

　一方、旧商法における株式会社の機関設計は、会社の所有（株主）と経営（取締役）の分離、つまり株主と取締役は別の人であることを前提としていました。

　このモデルは株主総会、取締役会および代表取締役のいわゆる3階建てモデルと呼ばれています。

　2階建てと比べて1階多いのは、1階と2階の間に取締役会が入っているからです。

第1章　会社法と少数株主対策　11

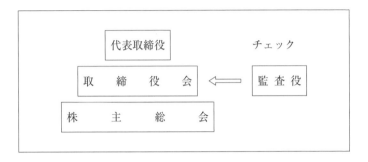

　旧商法の3階建てモデルでは、株主総会で取締役を選任し、取締役で構成された取締役会で取締役のなかから代表取締役を選任します。

　また株主≠取締役、つまり違う人であるという前提から、取締役が株主の利益を図っているかどうかをチェックする監査役の設置が強制されます。

　なお株主のなかに少数株主がいる場合には、3階建てモデルでは少数株主の存在が前提となっていますが、2階建てモデルでは前提が異なることから、少数株主の居場所がないためにさまざまな不都合が起こります。

　具体的には2階建てモデルでは株主総会の権限が強化され、株主総会で経営に関する事項をそのつど決議することが必要となり、株主が取締役のように経営を行うことになります。

　つまり少数株主が経営に関与することになるため、新たに少数株主対策が必要となるわけです。

具体的な少数株主対策とその限界

ケース・スタディ	相続が繰り返されて株式が分散している会社における金庫株の活用

不動産会社である当社の社長は創業者の長男であり、先代から相続により発行済議決権株式の30%を受け継ぎ、所有していました。

社長の母親は創業者の死亡時に25%程度の株式を相続しましたが、現社長とは相続の際のトラブルから、お互いに相手を訴えており、現在は音信不通です。

他の株主は創業者から数パーセントずつ株式を譲り受けた者の子どもや孫であり、相続による株式の分散から株主数は数十名に達していました。

さらに親族である株主間の仲は必ずしもよくはなく、株主総会は常に荒れがちでした。

また正直なところ、株主名簿はあてにならず、株式の譲渡制限はついていましたが、当事者間での株式の譲渡や、株主の死亡による株式の相続は十分把握できていない状態であり、配当金を支払っているから株主として扱うという状態でした。

当社は昭和初期の創業以来、業績はきわめて好調で、所有する不動産にも多額の含み益が生まれていました。

このため、多くの株主は評価額だけ高い、絵に描いた餅の状態の株式の換金を望んでいました。

そこで豊富な資金を利用して、会社側から、希望する株主がいれば会社が金庫株として買い取ることを提案しました。

多額のみなし配当課税は避けられませんでしたが、それでも（社長の母親を除く）多くの株主は会社への株式の譲渡を希望し、これにより初めて株主であったことがわかった者も多数いました。

会社としては株主を大幅に減らすことができ、これにより以後の株主総会は、平穏無事なものとなりました。

1 金庫株による事業承継対策

　このケースのように株式が分散している場合には、株式を金庫株として会社が買い取ることで将来の事業承継をスムーズに行うことができます。

　会社法で認めた少数株主権があまりにも大きいため、その権利行使が事業承継の際には障害になる可能性があるからです。

　具体的には、少数株主がいる場合には、どんな優良会社であっても M&A では値がつかず、ゼロ円の評価になります（つまり買い手が現れません）。

　金庫株を使うことで、この問題は円満に解決できるのです。

会社法で認めた少数株主権

→ 権利行使が事業承継の際には障害になる可能性がある

→ 少数株主がいると M&A では会社はゼロ円評価になる

　筆者が出くわす案件は古くから相続が繰り返されることにより株式が分散し、手がつけられないような会社が多いのですが、企業業績自体は悪くなく、むしろ優良会社であるケースがよくあります。

こういった場合は利害関係者の利益分配要求が錯綜し、対策がむずかしいのですが、金庫株を使えば十中八九はさまざまな問題が解決できます。

こうみると金庫株はまるで「魔法の杖」のように思えるのですが、これは金庫株がすべての関係者にとって満足する結果をもたらすからでしょう。

つまり、金庫株は特定の個人や団体だけを利するのではなく、関係者全員がその利益を享受できるからであると思います。

金庫株はまるで「魔法の杖」

➡ 金庫株はすべての関係者が満足する結果をもたらす

➡ 関係者全員がその利益を享受できる

会社に株式を売った少数株主は、もともと持分が少ないために会社の経営を主導する権利はなかったのですが、相続税評価額だけはやたらと高い非上場株式をもっていることに不満があったはずです。

非上場会社の株式は評価が高い場合は、相続財産に組み込まれると、多額の相続税が課税されます。

一方で換金性はほとんどなく、文字どおり「宝の持ち腐れ」になりやすいのが現実です。

これを会社に法人税法上の時価（金庫株の評価は多くの場合、小会社としての評価となるため、評価額の低い類似業種比準価額の

割合が小さくなり、評価額の高い純資産価額の割合が大きくなる結果、類似業種比準価額割合の大きい通常の相続税評価額よりも高いのが普通です）で売却できれば、絵に描いた餅の株式が多額のお金にかわるわけですから、うれしく思うのは当然です。

会社に株式を売った少数株主

→ もともと会社の経営権がない

→ 相続税評価額だけはやたらと高い非上場株式をもっていることに不満がある

→ 法人税法上の時価で売却

→ 絵に描いた餅の株式がお金にかわりうれしいのは当然

　一方、経営者である大株主は、少数株主権をもつことで経営に対して批判的な少数株主がいなくなってスッキリかつ一安心です。

　いわゆる目の上のたん瘤がなくなるのですから、精神的にもグッと楽になります。

　さらに会社自身にとっても、少数株主がいなくなることで経営の不安定要素がなくなり、神経をすり減らすような内紛騒ぎがなくなって、企業経営が大きく安定化します。

第2章　具体的な少数株主対策とその限界　17

> **金庫株の利用**
>
> **大株主**
> ➡ 少数株主権をもち経営に対して批判的な少数株主がいなくなって一安心
>
> **会社自身**
> ➡ 少数株主がいなくなることで経営の不安定要素がなくなる
> ➡ 内紛騒ぎがなくなって、経営が安定化

　たとえば総株主の議決権の1％以上をもつ株主は株主総会における提案権をもち、総株主の議決権の3％以上をもつ株主は取締役の解任請求権をもちます。

　これらの権利行使が企業経営にとっては大きな障害になるため、少数株主がいなくなることで、この心配をしなくてよいだけでも大助かりです。

> **総株主の議決権の1％以上をもつ株主**
> ➡ 株主総会における提案権をもつ
>
> **総株主の議決権の3％以上をもつ株主**
> ➡ 取締役の解任請求権をもつ
> ➡ これらの権利行使が企業経営にとっては大きな障害になる
>
> **金庫株制度の利用**
> ➡ 少数株主権の行使を心配せずにすむ

なお、金庫株の状態（会社が自社株式を所有している状態）では自益権（配当請求権など）と共益権（議決権など）はともに停止し、実質的に株式は消却されてなくなったのと同様の状態になります。

　古い優良企業では現金預金だけは、たくさんもっていることが多いのですが、こういった場合、少数株主からの自社株式の買取りは、最も賢く有利な資金の有効活用といえるでしょう。

　実際、同族株主間の経営をめぐる争いには熾烈なものがあり、普段は人目に触れないだけに内部の紛争に一度巻き込まれると大変な思いをすることがあります。

　その際には、金庫株制度の利用を思い出してください。

　それでもダメな場合、筆者は種類株式を提案しています。

　金庫株と種類株式の二つは株主間の揉め事を解決する力があり、これを活用すれば大方の揉め事は解決することができます。

金庫株の利用
種類株式の利用

　➡️　ともに揉め事を解決する力がある

第2章　具体的な少数株主対策とその限界　19

2 金庫株の取得

　株式譲渡制限会社では、株式の譲渡は会社の承認がなければ会社に対しては無効です。

　しかし、その場合でも当事者間の株式の譲渡は有効である点が問題を複雑にしています。

　現実には第三者間（株主間）取引により真の株主が入れ替わっている場合があり、真の株主がはっきりしない例は決して少なくありません。

　さらに先ほどのケースのように株式の相続が何度も繰り返されている場合には、真の株主が不明となっていることも多々あり、会社が株主から金庫株として株式を買い取ることで株主関係を明確にするのが最良の解決策です。

　このためには株主総会の特別決議によって、少数株主からその株式を買い取ることになります（会社法第160条第1項、第309条第2項第2号）。

　なお金庫株取得の条件としては、貸借対照表の純資産の部における会社法上の剰余金を基にして計算した分配可能額の枠内である必要があるため、現金預金と分配可能額があることが必要です（会社法第461条）。

　将来のスムーズな事業承継にとって、株主総会決議によって会社自身が少数株主から金庫株として自社株式を買い取ること

はぜひとも必要であるといえるでしょう。

株式譲渡制限会社

→ 会社の承認がなければ株式の譲渡は会社に対しては無効

→ しかしながら当事者間の譲渡は有効

第三者間取引により真の株主が入れ替わっている場合

→ 真の株主がはっきりしない例は決して少なくない

相続が何度も繰り返されている場合

→ 真の株主が不明となっていることもある

→ 金庫株として株式を買い取ることで株主関係を明確にできる

少数株主からの金庫株の買取り

→ スムーズな事業承継にはぜひとも必要

3 少数株主対策の重要性

　先ほどみたように会社法では少数株主権が拡充されていることから、従来はほとんど問題にならなかった少数株主対策の重要性が高まっています。

　これは特に事業承継対策に関していえるのですが、日常的な会社経営においても対策が必要になっています。

少数株主対策の重要性

➡　特に事業承継対策に対していえる

➡　日常的な会社経営においても対策が必要

　ここでは少数株主権と、これに対する会社側の対応策をみてみましょう。

(1)　少数株主権の内容

　少数株主権の内容については、以下の表をご覧ください。

少数株主権の内容

議決権数・株式数の要件	保有期間の要件	権利の内容
総株主の議決権の1％以上または300以上	行使前6カ月	株主総会提案権（会社法第303条、第305条）

総株主の議決権の1％以上	行使前6カ月	総会検査役選任請求権（会社法第306条）
総株主の議決権の3％以上または発行済株式総数の3％以上	要件なし	帳簿閲覧権（会社法第433条）、検査役選任請求権（会社法第358条）
総株主の議決権の3％以上	要件なし	取締役等の責任軽減への異議権（会社法第426条第7項）
総株主の議決権の3％以上または発行済株式総数の3％以上	行使前6カ月	取締役等の解任請求権（会社法第854条、第479条）
総株主の議決権の3％以上	行使前6カ月	株主総会招集権（会社法第297条）
総株主の議決権の10％以上または発行済株式総数の10％以上	要件なし	解散判決請求権（会社法第833条）

（注1） 発行済株式総数は自己株式を除く。
（注2） 公開会社以外の会社（株式譲渡制限会社）では、保有期間6カ月の要件はない。
（注3） 少数株主権については、すべての会社において、定款で要件の緩和ないし単独株主権化が可。
（神田秀樹著『法律学講座双書　会社法』第8版　弘文堂より抜粋）

　ここで少数株主権とは発行済株式総数または議決権の一定割合・一定数以上の株式をもっている場合に生じる権利ですが、これ以外にも1株でももっていると生じる権利として単独株主権があります。

　実務上は、財務内容のよい優良な非上場会社では、実際に株主総会の提案権や帳簿閲覧請求権、株主総会の招集権などがよ

く利用されています。

上場会社の場合には新聞沙汰になるのでよくわかるのですが、非上場会社ではまったく外部にもれないため、一般的にはわかりづらいといえます。

しかし非上場会社でも、経営をめぐる会社の内紛は日常茶飯事といってもよいくらい頻繁にあります。

また株主の権利行使に際して、株式譲渡制限会社では6カ月前からの株式保有期間の要件がない点も重要です。

会社法による単独株主権や少数株主権（例：会計帳簿の閲覧請求権、株主総会の議題提案権、株主総会の招集請求権、取締役の解任請求権など）の拡充により、単独株主や少数株主であってもオーナー経営者のもつ経営権を侵害する可能性があります。

単独株主権や少数株主権の拡充

➡ オーナー経営者のもつ経営権を侵害する可能性

単独株主権としては取締役の違法行為差止請求権があるのですが、これは取締役が会社の目的の範囲外の行為その他法令・定款に違反した行為を行いまたは行おうとしている場合に、それが会社に著しい損害をもたらすおそれがあるときは、取締役に対してその行為をやめることを請求する権利です（会社法第360条）。

また、取締役会議事録の閲覧請求権（会社法第371条第2項）や株主総会議事録の閲覧請求権（会社法第318条第4項）も単独

株主権です。

　なお取締役会議事録の閲覧請求権は、監査役設置会社（業務監査を行う監査役を設置している会社）では裁判所の許可を得て行使することになります（会社法第371条第3項）。

　少数株主権としての会計帳簿の閲覧請求権は、原則として総株主の議決権の3％以上または発行済株式総数の3％以上を保有している株主に認められています（会社法第433条第1項）。

　株主総会の議題提案権は、取締役会設置会社では原則として総株主の議決権の1％以上または300個以上の議決権をもっていれば可能です（会社法第303条第2項）。この権利は取締役会を設置していない会社の場合は単独株主権となります（会社法第303条第1項）。また権利行使する株主には原則として6カ月以上の株式保有要件がありますが、株式譲渡制限会社ではその要件はなくなります（会社法第303条第3項）。

　株主総会の招集請求権は、原則として総株主の議決権の3％以上を保有している株主に認められています（会社法第297条第1項）。ここでも原則として6カ月以上の株式保有要件がありますが、株式譲渡制限会社ではその要件はありません（会社法第297条第2項）。

　取締役の解任請求権は、株主総会において解任の議案が否決されたときに裁判所に訴えることができる権利です。原則として総株主の議決権の3％以上または発行済株式総数の3％以上を保有している株主に認められています（会社法第854条第1項）。ここでも原則として6カ月以上の株式保有要件がありま

第2章　具体的な少数株主対策とその限界　25

すが、株式譲渡制限会社ではその要件はありません（会社法第854条第2項）。

単独株主権や少数株主権は、実務上はさまざまな権利を組み合わせて使われることになります。

これらを組み合わせると、たとえば会計帳簿の閲覧請求権や取締役会議事録の閲覧請求権を行使して、取締役の職務執行に関する不正な行為や法令または定款に違反する重大な事実を発見した場合、取締役の違法行為差止請求権を行使し、それでも行為をやめなければ株主総会の招集請求権と議題提案権を行使して取締役の解任を議題にあげることが可能です。

さらに株主総会で取締役の解任が否決された場合には、取締役の解任請求権を行使して裁判所に訴えることができます。

会計帳簿の閲覧請求権や取締役会議事録の閲覧請求権の行使

➡ 取締役の不正な行為や法令または定款に違反する重大な事実を発見

➡ 取締役の違法行為差止請求権を行使

➡ それでも行為をやめなければ株主総会の招集請求権と議題提案権を行使

➡ 取締役の解任を議題にあげることが可能

さらに株主総会で否決された場合

➡ 取締役の解任請求権を行使

➡ 裁判所に訴えることが可能

しかしながら、これらの権利行使にも限界があります。

実際に裁判になった場合には、第1審判決までに少なくとも1年以上を要し、さらに会社側が上訴する限り、判決が確定するまでは解任の効果は生じず、それまでに取締役の任期が到来すると、訴えの利益はなくなります。

そしてその後にその役員が再任されると、その選任は有効となります。

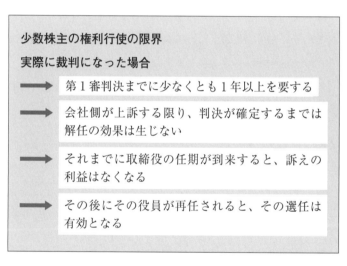

ある意味で開き直った経営者が多いのが中小企業の特徴ですが、そういった経営者に対しては、単独株主権や少数株主権の行使はあまり効き目がないことになります。

このように単独株主権、少数株主権の権利行使にも限界はあるのですが、オーナー経営者に対する牽制機能としては大きな意味があります。

第2章　具体的な少数株主対策とその限界　27

(2) 従業員持株会と単独株主権・少数株主権

　旧商法では相続・事業承継対策において、従業員持株会と議決権のない株式を組み合わせて利用することをよく行っていました。

　オーナー経営者から従業員持株会へ議決権のない株式を譲渡することで、相続の対象となる株式数の削減が可能であり、かつ経営権の侵害を心配する必要がなくなるというメリットがあったからです（なお、株式を議決権のない株式にするための法律上の手続は97ページで後述します）。

　しかし会社法施行後は、議決権のない株主でも単独株主権や少数株主権をもつことに注意しなければなりません。

会社法施行後

➡️　議決権のない株主でも単独株主権や少数株主権をもつ

　特に労使関係の悪い会社や労働組合の強い会社では、従業員持株会を採用することで生まれた少数株主の権利行使が、オーナー経営者の経営権とまともにぶつかった事例もあります。

　ここで想定されている会社は地場の有力企業で、地元の人ならみんな知っているような、いわゆる名門企業です。

　たとえば昭和の初め頃創業され、古くからもっている土地に含み益が生じているため、いまも含み益があって、不動産業に

なっても食べていけるような会社です。

少数株主権が問題となる企業

➡ たとえば地場の有力企業

旧商法では、議決権総数の３％以上を６カ月前からもっている株主は、取締役が不正や法令・定款に違反する重大な行為を行った場合に、その取締役の解任を裁判所に請求することができました。つまり議決権のない株主には、この権利がなかったのです。

これに対して会社法では、議決権のない株主も発行済株式の３％以上をもてば取締役の解任請求ができます。

なおこの３％は１人でもつ必要はなく、数人が集まって３％に達すればその全員に権利行使が認められます。

したがって従業員持株会全体で発行済株式の３％以上をもてば、その株式が議決権のない株式であっても、全員がまとまることで権利行使できるわけです。

従業員持株会全体で発行済株式の３％以上をもつ

➡ 全員がまとまって権利行使できる

これに関しては取締役会があってもなくても関係なく、さらに株式譲渡制限会社では６カ月前からの保有期間の要件もありません。

さらに議決権のない株主でも、単独株主権である株主代表訴訟を提起することもできます（会社法第847条）。

　旧商法では議決権を基準としているので、議決権のない株主には単独株主権や少数株主権はなかったのですが、会社法では法的な弱者である議決権のない株主についても単独株主権や少数株主権を認め、オーナー経営者と戦うことを可能にしているのです。

　相続対策の観点から従業員持株会を安易に利用することは、避けるのが賢明といえるでしょう。

旧商法は議決権を基準としている

➡ 議決権のない株主には単独株主権や少数株主権はない

会社法では議決権のない株主についても単独株主権や少数株主権を認めている

➡ オーナー経営者と戦うことを可能にしている

⬇

相続対策の観点から従業員持株会を安易に利用することは避けるのが賢明

4 具体的な 少数株主対策

　少数株主対策としては、まず上述の議決権のない株主への対策があります。

　これ以外にも、①新たな少数株主を生まない工夫、②少数株主からの会社や大株主による株式の買取りの促進、③少数株主権を念頭に置いた機関設計、さらには④種類株式の活用などが考えられます。

　以下では①～③について、詳しくみていきます。

少数株主対策の内容

- 議決権のない株主対策
- 新たな少数株主を生まない工夫
→ 少数株主からの会社や大株主による株式の買取りの促進
- 少数株主権を念頭に置いた機関設計
- 種類株式の活用　など

---

(1)　新たな少数株主を生まない工夫と、会社自身による少数株主からの株式の買取りの促進

少数株主対策の基本は、新しい少数株主が生まれないような

第2章　具体的な少数株主対策とその限界　**31**

工夫と、すでに存在している少数株主から会社自身が自社株式を買い取ることです。

　株式譲渡制限会社が特定の株主から金庫株として株式を買い取る際には、原則として売却する株主以外の株主も同時に株式を会社に売却する権利をもっています（会社法第160条第3項）。

　これを株主の追加売却請求権というのですが、株主平等の原則から他の株主も売りっぱぐれのないように売る権利を与えたのです。

　この権利は株主の平等という観点からは非常にごもっともなのですが、実務上はこれがあるために会社自身による金庫株の取得がスムーズにいかないといった弊害も多いのが実情です。

株主の追加売却請求権
→ 株主平等の原則からは非常にごもっとも
→ 実務上は金庫株の取得がスムーズにいかないといった弊害も多い

　これに対して、次のイ～ニのケースでは他の株主の売却請求を受けずに、会社が特定の株主のみから金庫株を取得することができます。

　つまり、この場合には株主の追加売却請求権はありません。

　このため、実務上は非常に使い勝手がよい制度となっています。

　ただし、その際には譲渡人となる株主以外の株主による株主

総会の特別決議が必要になるので、その際に意地悪されないためにも、他の株主と日頃から喧嘩しないように注意しておくことが大事です。

他の株主からの売却請求を受けずに特定の株主のみから金庫株を取得することができるケース

➡ 実務上は非常に使い勝手がよい

イ　合併や相続等の一般承継により株式を取得した株主が、株式の発行会社である株式譲渡制限会社に株式の譲渡を希望し、会社が自己株式を取得する場合（会社法第162条）。

ロ　特定の株主からの取得に際して、他の者の追加売却請求を認めない旨の定款の定めを置く場合（会社法第164条）。

ハ　株式譲渡制限会社における先買権者・買取人の指定の請求に際し、定款において会社自身を先買権者・買取人と指定している場合（会社法第155条第2号）。

ニ　相続等により譲渡制限株式を取得した者に対して、その株式を会社に売り渡すことを請求することができる旨を定款で定めている場合（会社法第174条）。

以上のロ〜ニはいずれも、定款自治の観点から「定款の定

第2章　具体的な少数株主対策とその限界　**33**

め」による特例を認めたものです。

このように会社法では「株主平等の原則」よりも、「定款自治の原則」を優先させているため、この面から自由度が高く、制度の利用価値が高いものとなっています（会社法第109条第1項、第2項）。

なお金庫株利用にあたり定款を変更する際にも、原則として株主総会の特別決議が必要です（会社法第466条、第309条第2項第11号）。

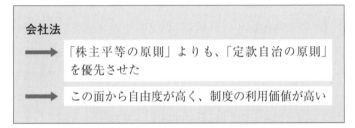

イ　合併や相続等の一般承継により株式を取得した株主が、株式の発行会社である株式譲渡制限会社に株式の譲渡を希望し、会社が自己株式を取得する場合（会社法第162条）

これは、たとえば相続人から自己株式を取得するケースですが、このパターンでは非常にうまく金庫株が活用できます。

というのは、相続人は相続税の納税資金として自社株の売却代金を利用できるとともに、会社自身に株式が譲渡されることで相続による株式の分散が防止でき、新たな株主も発生しないからです。

さらに後述の税制上の特例を併用することで、高い税率とな

るみなし配当課税を受けずにすむメリットもあります。

相続人から自己株式を取得するケース

➡ 非常にうまく金庫株が活用できる

➡ 相続人は相続税の納税資金として自社株の売却
　　代金を利用できる

➡ 会社自身に株式が譲渡されることで相続による
　　株式の分散が防止できる

➡ 新たな株主も発生しない

税制上の特例を併用

➡ みなし配当課税を受けずにすむメリットあり

　なお株式を相続等により取得した株主は、取得してから譲渡
する時までの株主総会決議において、議決権を行使していない
ことが必要なので注意してください。

　たとえばオーナー経営者の死去に伴って株主総会において役
員退職慰労金の決議を行う際に、相続人である株主は、この制
度を利用することを考えていれば、その議決に参加してはいけ
ないわけです。

　ロ　特定の株主からの取得に際して、他の者の追加売却請求
を認めない旨の定款の定めを置く場合（会社法第164条）

　これができれば理想なのですが、株式の発行後にこの定款の
定めを置いたり、その定めについての定款の変更を行うとき
は、株式を有する株主全員の同意が必要になります（会社法第

164条第2項)。

したがって若い会社や株式の分散していない会社では使い勝手がよいのですが、そうでない場合には、これを使うのはむずかしいかもしれません。

> **他の者の追加売却請求を認めない旨の定款の定め**
> ➡ 株式を有する株主全員の同意が必要

ハ　株式譲渡制限会社における先買権者・買取人の指定の請求に際し、定款において会社自身を先買権者・買取人と指定している場合（会社法第155条第2号）

先買権者とは、株主が株式を譲渡する際に買受人として指定された者です。

株式譲渡制限会社では、株主からの会社に対する株式の買取請求は原則として断ることができますが、第三者への譲渡の承認請求を断るには、自社で買い取るか、他の買取人を指定しなければなりません（会社法第140条第1項、第4項）。これらの決定にあたっては株主総会の特別決議が必要です（会社法第309条第2項第1号）。

先買権者の制度は、この際にあらかじめ定款で買受人を決めておき、その者だけが株式を譲り受ける権利をもつとした制度です。

旧商法ではこの先買権者をあらかじめ指定することはできませんでしたが、会社法ではできるようになっているため、非常

に便利になりました（会社法第29条）。

　これにより株式譲渡制限会社では、定款で会社自身を先買権者に指定して会社自身以外に株式を譲渡することができないようにしておくことができるため、株式が現状以上に分散することを防止できます。

会社法
　➡　先買権者をあらかじめ指定することができる

株式譲渡制限会社
　➡　会社自身以外に株式を譲渡することができないようにすることが可能

　➡　株式が現状以上に分散することを防止できる

　会社法では定款自治を尊重し、定款においてその会社にあった譲渡制限を設けることで、よりスムーズな経営を行うことが可能となっています。

　これは株主の数を現状以上に増やさない対策を会社に認めたものであり、少数株主権の拡充によって強くなった少数株主に対抗できるように、会社法は利益の比較衡量の観点から、会社に防衛策を与えたのです。

会社法
　➡　定款自治を尊重

第2章　具体的な少数株主対策とその限界　37

> → 定款においてその会社にあった譲渡制限を設ける
>
> → スムーズな経営を行うことが可能（株主の数を現状以上に増やさない対策を会社に認めた）
>
> → 会社法は利益の比較衡量の観点から会社に防衛策を与えた

二　相続等により譲渡制限株式を取得した者に対して、その株式を会社に売り渡すことを請求することができる旨を定款で定めている場合（会社法第174条）

イやハとは逆に会社側から株主への売渡請求を行うことを規定しています。

この場合も株主総会の特別決議でその請求を行うかどうかを決議しますが、その株主総会の決議では相続等により株式を取得した者は議決権を行使できない（定足数にも入らない）ので、会社が強制的に株式を買い上げることができます（会社法第175条、第309条第2項第3号）。

なおこれは会社が相続等による株式の取得があったことを知った日から1年以内に行う必要があります（会社法第176条第1項）。

また売買価格の決定は当事者の協議によりますが、協議が整わない場合には裁判所に対して売買価格の決定を申し立てることになります（会社法第177条第1項、第2項）。

この制度を利用することで、いままでは防ぐ手段がなかった相続等による株式の分散が防止でき、後継者として好ましくな

い者を排除することもできます（通称は、ぼんくら息子対策）。

　旧商法では譲渡制限はできても、相続の制限はできなかったのが、できるようになったのです。

　事実上相続等による株式取得に対しても、会社の承認を必要とすることにしたのと同じで、事業承継対策の観点からは定款において上記の定めを置くことは非常に有効な手段となるため、メガバンク等が事業承継対策としてこれを勧めています。

相続人等への売渡請求制度

➡ 相続等による株式の分散が防止できる

➡ 後継者として好ましくない者を排除することができる

➡ 相続等による株式取得に対しても会社の承認を必要としたのと同じ

　ただし、この制度は両刃の剣の性質をもっています。

　大株主であるオーナー社長が亡くなった場合、他の少数株主が相続人に売渡請求を行うか否かを決めることになります。

　その際にオーナー社長の相続人は強制的に株式を買い取られるかもしれず、相続を契機にクーデターにより会社の所有者がかわることがあります。

　いわゆる「長生きした者勝ち条項」といわれるゆえんです。

　これを防止する工夫として、大株主であるオーナー社長の持株については株式の譲渡制限をはずしておき（社長については

第2章　具体的な少数株主対策とその限界　**39**

初めから勝手に譲渡することはありえないので、問題ありません)、この制度の適用対象外とすることができます(会社法第174条)。

また、相続税の納付の際に自社株式の物納を行う場合にも譲渡制限株式では物納ができないため、その面でもオーナー社長の持株について譲渡制限をはずすことには意味があります。

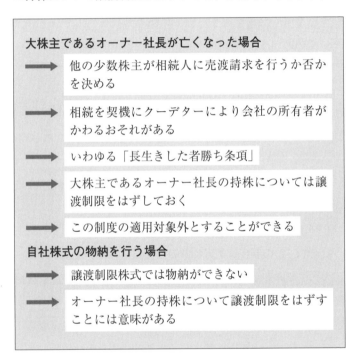

ただしこの場合には、会社法では株式譲渡制限会社ではなく公開会社に分類されますので、役員の任期を10年まで延ばすことができない点や(会社法第332条第2項)、議決権制限株式を発行する場合はその株式数が発行済株式総数の2分の1を超え

ることができない点（会社法第115条）、株主ごとにその内容について異なる定めを置くことはできない点（会社法第109条第2項）、取締役会や監査役の設置が義務づけられたり（会社法第327条第1項、第2項）、計算書類の注記の大部分が省略できない点（会社計算規則第98条第2項第1号）などのデメリットもあるため、比較検討が必要です。

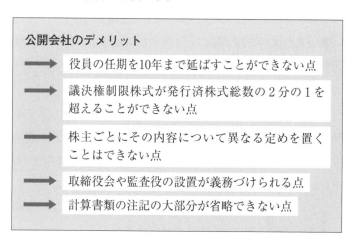

なお、ロからニまではいずれも定款の定めによる企業防衛を認めたものです。会社法では少数株主権の拡充に対して定款の定めをもって対抗する手段を提供しているわけです。

現在はこういった手段での企業防衛策が当たり前になってきています。

第2章　具体的な少数株主対策とその限界　41

> **会社法による少数株主権の拡充**
> ➡ 定款の定めによる企業防衛を認めた

(2) 税制上の支援措置

なお各種の税制も金庫株制度の普及を支援しています。

非上場株式等の譲渡益に対する税率は20％（所得税15％、住民税5％、復興特別所得税を除きますが含めると20.42％。以下同じ）となっています。

一方で金庫株取得時には1株当り取得金額と1株当り資本金等の差額はみなし配当として配当所得となり、その最高税率は48.6％（住民税を含め、配当控除を考慮。復興特別所得税は考慮していませんが考慮すると49.44％）の高税率となります。

これについては、平成16年4月1日以降の相続等により取得した非上場株式を株式の発行会社に譲渡する場合（つまり金庫株制度を利用する場合）には、その相続等があった日の翌日からその相続税の申告書の提出期限の翌日以後3年を経過する日までの間（相続開始の翌日から3年10カ月以内）であれば、みなし配当課税は行わずに20％の譲渡益課税のみになります。

筆者が実際に関係者に税制を説明すると、50％弱の税率については拒絶反応を示すことが多く、話が進まないのですが、20％の税率であると特に拒絶反応はないのが普通です。

さらに譲渡益課税については、相続税額を株式の取得費（譲

渡益の計算上マイナスできる）に加算することができるので、譲
渡益の圧縮が可能です。

　会社法とそれを支援する税制により、金庫株制度の活用が容
易になるとともに、その利用が実際に大きく進んでいます。

相続等により取得した非上場株式

➡　一定の要件を満たす場合

➡　発行会社に譲渡する際にみなし配当課税は行わ
　　ず20％の譲渡益課税のみ

会社法とそれを支援する税制

➡　金庫株制度の活用がはるかに容易になっている

---

(3)　少数株主権を念頭に置いた機関設計

イ　取締役会を設ける

　会社法における株式譲渡制限会社では取締役会はなくてもよ
くなりました。

　これにより通常の中小企業であれば、株主総会と取締役だけ
という機関設計ができます（会社法第295条第1項、第326条第1
項）。

　しかも株主1人で取締役も1人、かつ両者は同じ人というこ
ともできるため、1人で全部まかなえることになります。

　一見非常に便利なのですが、取締役会を設けない場合には、
株主総会が万能の決議機関となります。

> **取締役会を設けない**
>
> ➡ 　株主総会が万能の決議機関

　本当に株主と取締役が1人だけであれば、何も問題がないのですが、少数株主がいる場合には大きな問題が発生します。

　たとえば取締役の土地を会社が借りる場合などの会社と取締役との取引（利益相反取引）の承認や、株式譲渡制限会社の株式の譲渡の承認もすべて株主総会の決議事項となるため、一つひとつの決議を行うのが大変になります（会社法第295条第1項）。

> **取締役会を設けない場合**
>
> ➡ 　少数株主がいる場合には問題が発生
>
> **会社と取締役との取引（利益相反取引）の承認や株式譲渡制限会社の株式の譲渡の承認**
>
> ➡ 　株主総会の決議事項となる
>
> ➡ 　一つひとつの決議を行うのが大変に

　また取締役会を設けない場合には、各株主に単独株主権として株主総会での議題提案権があります。

　株主総会の途中であってもすっくと立ち上がってこの権利を行使し、自らが求める議題を株主総会で取り上げるように求めることができます（会社法第303条第1項）。

優良な中小企業では日本料理店や中華料理店で株主総会を開くことが多いのですが、発言者に座ってもらうだけで苦労します。

この権利は単独株主や少数株主にとっては非常にありがたいのですが、この権利が乱用された場合には、株主総会の収拾がつかなくなります。

いわゆる「荒れた総会」という状態になり、決議を行うことがむずかしい状況が生まれます。

取締役会を設けない場合

→ 各株主に単独株主権として株主総会での議題提案権がある

少数株主がいる場合には所有（株主）と経営（取締役）が一部分離しています。

これは、少数株主は会社を一部所有しますが、力が弱くて取締役にはなれないためです。

これにより所有と経営の一致を前提にした、旧有限会社型の2階建ての機関設計が向かないタイプになります。

少数株主がいる場合

→ 所有（株主）と経営（取締役）が一部分離している

第2章　具体的な少数株主対策とその限界　45

> ➡ 旧有限会社型の機関設計が向かないタイプにな
> る

　これへの対策としては取締役会を設けることで株主総会の権
限を抑制することが可能です（会社法第295条第2項）。

　取締役会を設けると、たとえば先ほどの会社と取締役との取
引（利益相反取引）の承認や、株式譲渡制限会社の株式の譲渡
の承認は取締役会の決議で可能となります。

　この場合には株主総会の権限は大幅に縮減し、会社法と定款
所定の事項についてのみ決議することになります（会社法第295
条第2項）。

取締役会を設ける
➡ 株主総会の権限を抑制することが可能

　ロ　業務監査権限をもつ監査役を設ける

　監査役について、旧商法では小会社（資本金1億円以下、か
つ負債総額200億円未満の株式会社）と旧有限会社の監査役は会
計監査権限だけをもち、それよりも規模の大きい中会社と大会
社の監査役は会計監査権限と業務監査権限の両方をもっていま
した。

　この会計監査権限とは計算書類等を監査して適正であること
を証明するものです。

また業務監査権限とは取締役が法令・定款に違反する行為を行っていないかを監査するものです。

旧商法の監査役

➡️ 小会社と旧有限会社の場合は会計監査権限だけをもつ

➡️ 中会社と大会社の場合は会計監査権限と業務監査権限をもつ

会社法では株式会社が監査役を設ける場合、原則として業務監査権限および会計監査権限の両方をもちます（会社法第381条第1項）。

なお株式譲渡制限会社では、監査役会を置く会社または会計監査人を置く会社を除いて、監査役の権限を定款で会計監査権限に限定することができるとしており、実際に多くの会社がこの限定を利用しています（会社法第389条第1項）。

会社法の監査役

➡️ 原則として業務監査権限および会計監査権限をもつ

株式譲渡制限会社

➡️ 監査役の権限を定款で会計監査権限に限定することができる

➡️ 多くの会社がこの限定を利用している

この限定をした場合には、業務監査権限を有する監査役がいないことになります。

一見すると監査役の責任が限定されてよいようにみえますが、この場合には株主に監査役のかわりをする権限が与えられ、株主は取締役会議事録の閲覧請求権・取締役会招集請求権・招集権等をもつなど大きな権限をもつことになります（会社法第371条第2項、第3項、第367条第1項、第3項）。

つまり株主が監査役の権限をもつわけです。

これに対して、監査役は原則どおりに会計監査権限と業務監査権限をもつとするのが正しい対策です。

業務監査権限を有する監査役がいない場合

➡ 株主に監査役のかわりをする権限が与えられる

➡ 株主は取締役会議事録の閲覧請求権・取締役会招集請求権・招集権等をもつ

正しい対策

➡ 監査役は原則どおりに会計監査権限と業務監査権限をもつ

ハ　理想的かつ簡素な機関設計

結果的に少数株主対策を行う場合の最も理想的かつ簡素な機関設計は、株主総会と取締役および取締役会、そして会計監査と業務監査をともに行う監査役になります。

少数株主がいると所有と経営が一部分離するので、旧有限会

社型の機関設計（株主総会と取締役のみ）にはあわず、少数株主の存在を前提にした旧商法の株式会社型の機関設計（株主総会、取締役、取締役会と監査役）になじむからです。

少数株主対策を行う場合の最も簡素な機関設計

➡ 株主総会と取締役と取締役会、および会計監査と業務監査を行う監査役

少数株主の存在

➡ 所有と経営が一部分離する

➡ 旧有限会社型の機関設計（株主総会と取締役のみ）にはあわない

➡ 旧商法の株式会社型の機関設計になじむ

なお、株式譲渡制限会社である小会社が会社法の施行に伴う定款変更を行っていない場合には、整備法（会社法の施行に伴う関係法律の整備等に関する法律）により自動的に監査役の権限が会計監査に限定される旨の定款の定めがあるものとみなされてしまいます（整備法第53条）。

このため少数株主対策の観点からは、監査役の権限が会計監査に限定される旨のみなし規定を削除する（ないしは監査役は業務監査も行う旨の）定款変更が必要です。

なお中・大会社に関しては、このような整備法によるみなし規定はないため、定款変更は不要です。

この定款変更は株主総会の特別決議によって、できるだけ早

第2章　具体的な少数株主対策とその限界　49

く行うことが望まれます（会社法第309条第2項第11号、第466条）。

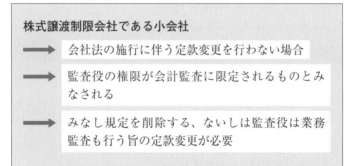

さらに、この定款変更により監査役の監査の範囲が会計監査のみから会計監査および業務監査に変更されることから、現任の監査役は自動的に退任することになるため、新任の監査役の選任決議（これは株主総会の普通決議）を行うことになります（会社法第336条第4項第3号、第329条第1項）。

定款変更により監査役の監査の範囲が変更される
→ 現任の監査役は自動的に退任
→ 新任の監査役の選任決議を行う

なお、新任の監査役の選任は、監査役の監査の範囲が会計監査だけから会計監査と業務監査に変わる公開小会社（株式譲渡制限会社以外の小会社）でも必要です。

なお取締役会については、既存の株式会社が会社法の施行に

伴う定款変更を行わない場合、整備法の規定により取締役会を置く旨の定款の定めがあるものとみなされるため、この面での定款変更は不要です（整備法第76条第2項）。

既存の株式会社が会社法の施行に伴う定款変更を行わない場合

➡️ 取締役会を置く旨の定款の定めがあるものとみなされる

➡️ 定款変更は不要

5 少数株主をなくす方法

　なお、究極の少数株主対策として少数株主をなくす方法があります。

　現在広く利用されているのは、平成26年改正会社法による特別支配株主の株式等売渡請求の制度です（会社法第179条）。

　この方法は90％以上の議決権をもつ株主（特別支配株主）が、対象となる会社の承認を得ることにより、他の株主から強制的に株式を取得することができる制度です（会社法第179条）。

　この手続の特徴としては、特別支配株主と他の株主との間の取引であり、株式発行会社自身は当事者ではない点があげられます。

少数株主をなくす方法

➡　特別支配株主の株式等売渡請求の制度

　手順としては、

イ　特別支配株主から対象会社に対して売渡請求の通知を
　行う。

ロ　これに対して対象会社は承認を行う。

ハ　対象会社から売渡株主等に通知を行う。

52

> ニ　特別支配株主は売渡株式等の全部を取得する。

となります。

　さらに、少数株主をなくする方法としては後述の**全部取得条項付株式**を利用して100％減資（株主の100％入替え）を行う方法もあります（会社法第108条第1項第7号、175ページ参照）。

　これを利用すると株主総会の特別決議で株式を株主から強制的に取得することが可能です（会社法第171条第1項、第309条第2項第3号）。

　しかしこの方法はもともと倒産状態にある会社を再生するため行う100％減資を、総株主の同意ではなく株主総会の特別決議によって行うことを目的として設けられた制度であるため、これを実行する合理的な理由が必要であると考えられています。

全部取得条項付株式を利用して100％減資

➡　ただしこれを実行する合理的な理由が必要

　第3章でみる種類株式も、究極的には少数株主対策につながります。

　それでは第3章をご覧ください。

第2章　具体的な少数株主対策とその限界　53

第 **3** 章

種類株式の概要

種類株式とは
どのようなものか

1

　会社法の目玉商品の一つが種類株式の拡充でした。

　これは、株式会社の機関設計の自由化や株式会社の最低資本金制度（1,000万円）の廃止と同じくらいのインパクトがありました。

　第1章で述べた「定款自治の原則」の具体的な現れの一つが種類株式の拡充です。

　会社法では、従来は解釈上の学説であった「株主平等の原則」を初めて明文化し、「株式会社は、株主を、その有する株式の内容及び数に応じて、平等に取り扱わなければならない」としています（会社法第109条第1項）。

　しかしこの原則は、株主をその有する株式の内容および数に応じて平等に取り扱うことを求めているだけで、逆にいえば内容の異なる種類株式の存在を認めているわけです。

「株主平等の原則」

→ 株主を株式の内容および数に応じて平等に取り扱うことを求めている

→ 逆にいえば内容の異なる種類株式の存在を認めている

この種類株式の種類としては、会社法第108条第1項で、優先株式・劣後株式、議決権制限株式、譲渡制限株式、取得請求権付株式、取得条項付株式、全部取得条項付株式、拒否権付種類株式および役員選任権付株式をあげています。

　これらについて、旧商法時代からあったものもありますが、会社法になってはじめて登場したものもあります。

　一見するととっつきにくいような名前がついていますが、内容的にはそれほどむずかしいものではありません。

　しかし、これらを使いこなすにはある程度の知識が必要です。

　特に種類株式は、これらをうまく組み合わせて使うのがコツなのですが、会社の実情にあった組合せを提案することができるのが理想です。

　種類株式は料理にたとえると食材にすぎません。その食材でどういった料理をつくるかは料理人の腕次第です。

　たとえば株式の譲渡にあたり会社の承認を必要とする譲渡制限株式を発行する場合に、そのうち一部の株式のみを配当優先株式にして、その配当優先株式の譲渡の承認は取締役会の決議が必要であるとし、他の譲渡制限株式は代表取締役の承認で譲渡が可能であるとするなど、実情にあわせて自由に設計することもできます。

　この方法では、譲渡制限が厳しい株式については、そのマイナス面を配当優先とすることで補う一方で、譲渡制限が緩やかな株式については、そのプラス面を通常の配当とすることで相

第3章　種類株式の概要　57

殺しています。

こういった工夫、つまりある面でのマイナスを他の面でのプラスで補うようにして、全体として損も得もないバランスのとれた種類株式を構築するのがコツです。

種類株式を組み合わせて使うのがコツ
➡ 　会社の実情にあった組合せを提案することができるのが理想

なお会社法では種類株式を発行している場合には、普通株式も種類株式の一種となりますが、これでは何のことかよくわからないので、ここでは普通株式は種類株式以外の株式という意味で使うことにします。

2 種類株式の種類と実務

　種類株式について会社法第108条第1項では以下の9種類をあげています。

---

① 剰余金の配当

② 残余財産の分配

③ 議決権を行使することができる事項（議決権制限）

④ 譲渡による株式の取得について会社の承認を必要とすること（譲渡制限）

⑤ 株主が会社に対して株式の取得を請求することができること（取得請求権）

⑥ 会社が一定の事由が生じたことを条件として株式を取得できること（取得条項）

⑦ 会社が株主総会の決議によってその種類株式の全部を取得すること（全部取得条項）

⑧ 株主総会（取締役会を設置する会社は株主総会と取締役会）の決議事項のうち、株主総会決議に加えて種類株主総会の決議があることを必要とすること（拒否権）

⑨ 種類株主総会において取締役または監査役を選任すること（役員選任権）

第3章　種類株式の概要　59

①剰余金の配当については旧商法の時代から**配当優先株**があります。

　中小企業の相続・事業承継対策において現在もよく行われている方法として、たとえばオーナー経営者から従業員持株会にこの配当優先の議決権のない株式（配当還元価額での譲渡であるため、比較的単価が安い）を譲渡すれば、オーナー経営者は会社の議決権（支配権）を維持しながら持株数を減らして相続税の節税をすることができます。

　つまり、オーナー経営者のもつ株式の単価ではなく数量を減らして、相続税の課税対象となる株式の評価を引き下げる方法です。

中小企業の相続・事業承継対策

➡️ オーナー経営者から従業員持株会に配当優先の議決権のない株式を譲渡

➡️ オーナー経営者は会社の議決権（支配権）を維持

➡️ 持株数を減らして相続税の節税ができる

　また別の方法として、会社が新規に発行した配当優先の無議決権株式を従業員持株会に割り当て（この場合も配当還元価額で、比較的単価が安い）、発行済株式数を増やすことで1株当りの価値を引き下げ、1株当り純資産価額を基準としたオーナー経営者の株式の評価額を引き下げることも可能です。

　これは、先ほどとは逆にオーナー経営者の持株数を減らさず

に、単価を下げることで相続税の課税対象となる自社株式の評価額を引き下げる方法です。

ただし会社法では、前述のように議決権のない株主にも単独株主権や少数株主権が付与されたため、いいことずくめではありません。

また、中小企業のほとんどは、上記の④譲渡による株式の取得について会社の承認を必要とすること（譲渡制限）を採用しています。これは会社と無関係な第三者が容易に株主になれないようにするもので、旧商法の時代から広く行われている方法です。

ここでの「会社の承認」とは、原則として取締役会設置会社では取締役会、取締役会非設置会社では株主総会の承認決議をいいます。

この譲渡制限株式が種類株式の一つとなったのも会社法の特徴です。これによりいまでは種類株式でない普通株式のほうが少数派になっています。

なお、1種類の種類株式しか発行しない会社は、種類株式発行会社とはいわない点も注意が必要です（会社法第2条第14号）。

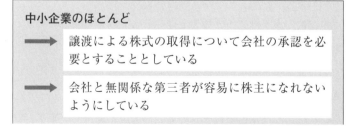

> **旧商法の時代から広く行われている方法**

　上記の③議決権を行使することができる事項の制限（議決権制限）も旧商法時代からあったのですが、議決権についての相続税評価額がはっきりしなかったこともあり、配当優先株に用いるケースを除いて実務上はなかなか浸透しませんでした。

　事業承継は一言でいうと議決権の承継であるため、この議決権制限株式と株主総会の特定の決議事項について拒否権をもつ拒否権付株式が、にわかに脚光を浴びています。

　議決権制限株式については、平成19年度税制改正において議決権の評価は原則としてゼロとすることが明らかになったことで、その活用が急速に進んでいます。

　また例外的に、相続に際して議決権のない株式の評価について5％の割引（ディスカウント）ができるようになりました。ただしこれは、その割引分を議決権のある株式の価額に上乗せすることが前提になっています。

　つまり株式の時価総額には影響しませんので、相続税の総額は変わらないのですが、議決権のない株式の評価を下げる分だけ議決権のある株式の評価を上げることで調整を図ったわけです。

　なお拒否権付株式の拒否権は、同じ平成19年度税制改正で評価の対象外となっています。

　これにより、拒否権付株式の普及も急速に進んでいます。

議決権制限株式

➡ 平成19年度税制改正で議決権の評価は原則としてゼロ

➡ 例外的に議決権のない株式の評価について5％の割引ができる

➡ その分を議決権のある株式の価額に上乗せする

➡ 株式の時価総額には影響しない

➡ 相続税の総額は変わらない

➡ 議決権のない株式の評価を下げる分だけ議決権のある株式の評価を上げる

拒否権付株式

➡ 拒否権は同じ平成19年度税制改正で評価の対象外

3 種類株式の発行手続

　種類株式を発行するには、種類株式の内容および発行する数（発行可能種類株式総数）を定款に定めて登記します（会社法第108条第2項、第911条第3項第7号）。

　この際に株式の内容については定款にその要綱のみを定めておき、種類株式を発行するまでに株主総会（または取締役会）で詳細な事項を決定することができます（会社法第108条第3項）。

　このやり方が最も実務的であるため、ほとんどの会社がこのやり方を採用しています。

株式の内容については定款にその要綱のみを定めておく

　➡ 　株主総会（または取締役会）で詳細な事項を決定することができる

　なお定款を変更するには、株主総会の特別決議が必要となります（会社法第309条第2項第11号、第466条）。

　この特別決議は原則として議決権を行使できる株主の議決権の過半数を有する株主が出席し、出席した株主の議決権の3分の2以上の多数決で行います（会社法第309条第2項）。

　つまり同族株主全体で3分の2以上の株式を保有している場

合に、同族株主の間で喧嘩さえしなければ採用できるわけです。

　また種類株式を追加することで、ある種類の種類株主に損害を及ぼすおそれがあるときは、さらにその種類の種類株主による株主総会の特別決議が必要になります（会社法第322条第1項第1号イ、第324条第2項第4号）。

　これについては、定款で種類株主総会を排除することもできますが、種類株式発行後の定款変更の場合には当該種類株主全員の同意が必要です（会社法第322条第2項、第4項）。

　なお新規の株式発行以外にも、原則として上記と同様の手続によってすでに発行した株式の内容を変更することもできますが、登記実務上は株主全員の同意書がないと登記できないので注意が必要です。

定款の変更
➡　株主総会の特別決議が必要

種類株式の追加、内容の変更
➡　ある種類の種類株主に損害を及ぼすおそれがあるとき

➡　さらにその種類の種類株主による株主総会の特別決議が必要

　また、既発行の（種類）株式を以下の表の株式に変更する際には、定款変更に加えて表のような特殊な手続が求められてい

第3章　種類株式の概要　**65**

ます。

種類株式の種類を変更する手続

種類株式の内容	必要となる手続
取得条項付株式	当該（種類）株主全員の同意（会社法第107条第1項第3号、第108条第1項第6号、第110条、第111条第1項）
譲渡制限付株式	当該種類株主を構成員とする種類株主総会の特殊決議（当該株主の半数以上かつ議決権の3分の2以上）（会社法第108条第1項第4号、第111条第2項、第324条第3項）
全部取得条項付株式	当該種類株主を構成員とする種類株主総会の特別決議（会社法第108条第2項第7号、第111条第2項、第324条第2項第1号）

　さらに発行ずみの1種類の株式の一部を他の種類株式に変更する場合は、以下の手続が必要となります（昭和50年4月30日民四第2249号法務省民事局長回答）。

①　株式の内容の変更についての個々の株主と会社との合意

②　株式の内容の変更に応じる株主と同一種類に属する他の株主全員の同意

③　損害を受けるおそれのある他の種類株主総会の特別決議

　また、会社が定款変更によって種類株式発行会社となり、既発行の普通株式の一部を譲渡制限付株式や無議決権株式に変更する場合には上記の手続が必要になると考えられます。

4 種類株式の デメリット

　種類株式にもデメリット、マイナス面がありますので、一般的なものをみておきましょう。

①　種類株式の内容は会社法で規定されており、何でもできるわけではありません。このため、思ったよりも使い勝手が悪く期待はずれに終わることもあります。

　　これは、会社法は常に利益の比較衡量を行うので、一方に権利を与えた場合は、もう一方にもそれに対抗する権利を与える特性があるからです。

②　種類株式の内容は登記されるので、だれでもこれをみることができる公開情報になります（なお属人的株式（220ページ参照）は登記の対象外です）。

　　このため、たとえば拒否権付株式の所有者をみることで、会社の実権者がだれであるか、外部からわかるリスクがあります。

③　拒否権付株式は想定外の者に承継されてしまうリスクがあり、この場合に悪意をもった第三者に拒否権を行使されると、事業経営が実質的にとん挫します。

　　このリスクは役員選任権付株式についても同様です。これを事前に防ぐ方法はあるにはあるのですが、それにも限界があります。

第3章　種類株式の概要　67

こういった面では、種類株式の利用は常にリスクを伴います。

　薬が副作用をもたらすのと同様です。

　したがって種類株式を用いるには、常に一定のリスクを認識しておかなければなりません。

第 **4** 章

優先株式・劣後株式の活用法

| ケース・スタディ | 配当優先株を用いた第三者割当増資による1株当り純資産価額の引下げ |

オーナー経営者のもつ株式の1株当り純資産価額を合理的に引き下げる方法として、仕入先や従業員持株会に対する第三者割当増資があります。

仕入先や従業員持株会はいわゆる少数株主であるため、その適正な時価は配当還元価額（配当金額から逆算して株価を求める方法で、額面金額相当額の10%の配当の場合に株式を額面金額相当額で評価する、相続税法で最も低い評価額）になります。

この際に割り当てるのは議決権のない株式で、かつ、そのデメリットに配慮して配当優先株式とするのが普通です。

これらの少数株主に対して配当還元価額で第三者割当増資を行うと、新株発行による株数の増加に対して純資産価額の増加はわずかであるため、相対的に増資前の株式の1株当り純資産は低下します。

それでは設例でみてみましょう。

増資前はオーナーの持株割合は100%、配当還元価額は1株当り50円、時価純資産価額は1株当り500円とし、従業員持株会へ5万株割り当てるとします。

	第三者割当増資前の状況	第三者割当増資後の状況
時価純資産	1億円	1億250万円
資本金	1,000万円	1,250万円
発行済株式数	20万株	25万株
1株当り時価純資産	500円	410円

オーナーの持株割合は100%から80%（＝20万株／25万株×100）に低下しましたが、1株当り時価純資産は410円へと90円（＝500円－410円）下落しており、大きな株価引下げ効果があることがわかります。

株主総会の特別決議を可能とする議決権割合（3分の2）に達するまでは、この方法で株価を引き下げて問題ないと考えられます。

ただし、なぜ第三者割当増資が必要であったのかについて、大義名分が必要です。

たとえば従業員持株会の設立により、配当優先株式を利用して、従業員にとって有利な資産形成に資することを目的とするなどです。

なお、従業員持株会は組合であるため登記は不要ですし、法人税法上の収益事業を行わない限り税務申告も不要です。

またこれと同様に、投資育成会社に対して第三者割当増資を行うことで1株当りの株価を引き下げることもできます。

第4章　優先株式・劣後株式の活用法　71

1 優先株式・劣後株式とは何か

　株式会社の株主の権利には、基本的に共益権と自益権があります。

　共益権とは株主総会の議決権などを中心に、会社経営にかかわることを目的とする権利です（会社法第105条第1項第3号）。

　また自益権とは株主が会社から直接に経済的な利益を受けることができる権利であり、配当請求権と残余財産分配請求権があります（会社法第105条第1項第1号、第2号）。

　配当請求権とは文字どおり会社から剰余金の配当を受ける権利で、残余財産分配請求権とは会社が解散し、清算する際に残余財産について株主が分配を受ける権利です。

　要するに自益権は、株主が会社にお金を求めることができる権利といってよいでしょう。

株主の権利

共益権 ➡ 会社経営に参与する権利

株主総会の議決権など

自益権 ➡ 会社から直接に経済的な利益を受けることができる権利

配当請求権と残余財産分配請求権

配当請求権 ➡️ 剰余金の配当を受ける権利

残余財産分配請求権

➡️ 会社がなくなる際に残余財産の分配を受ける権利

　優先株式とはこの配当請求権または残余財産分配請求権について、他の株式に優先した請求権をもつ株式であり、劣後株式とは逆に他の株式に劣後した請求権をもつ株式です（会社法第108条第1項第1号、第2号）。

　つまり優先株主の場合には他の株主よりも先に配当や残余財産の分配を受け、劣後株主の場合には他の株主より後に配当や残余財産の分配を受けることになります。

配当請求権または残余財産分配請求権について

優先株式 ➡️ 他の株式に優先した請求権をもつ

劣後株式 ➡️ 他の株式に劣後した請求権をもつ

　なお配当請求権や残余財産分配請求権のない株式をつくることはできますが、両権利をともに与えない株式をつくることはできません（会社法第105条第2項）。

　つまり株主に経済的な利益をまったく与えないことを予定した株式は、認められていないわけです。株式会社は営利法人ですから、その本質に反するということでしょう。

第4章　優先株式・劣後株式の活用法　73

実務的には配当についての優先株式が最もよく用いられてい
ますので、これについて詳しくみていきましょう。

2 配当優先株式の 定め

　配当優先株式を発行するためには、会社の定款でその定めを規定しておく必要があります（会社法第108条第1項第1号、第2項第1号）。

　これも定款自治の原則により、種類株式について基本的なことは定款に規定することにしているからです。

　ここでは1株当りいくら優先するのかについて、配当を優先する金額の上限を定めます。

　また、「当期純利益が○円未満の場合には配当を行わない」といった規定の仕方も可能です。

　この規定を置く場合には株主でもある役員や従業員に対し、業績向上へのインセンティブになるでしょう。

　なおこの定款の定めは登記されるため、第三者も登記簿の閲覧により配当優先の状況を知ることができます（会社法第911条第3項第7号、第915条）。

配当優先株式の発行

➡ 　会社の定款でその定めを規定しておく

定款自治の原則

➡ 　種類株式について基本的なことは定款に規定する

➡ 　配当を優先する金額の上限を定める

第4章　優先株式・劣後株式の活用法　75

→ 定款に定めて登記

　たとえば、定款の定めの例としては以下のようなものがあります。

　（剰余金の配当についての優先甲種類株式）

　　第○条　当社は、定款第○条に定める剰余金の配当を行うときは、甲種類株式を有する株主（以下「甲種類株主」という。）に対し、普通株式を有する株主（以下「普通株主」という。）に先立ち、甲種類株式１株につき年○○円の剰余金（以下「優先配当金」という。）を配当する。

　（非累積条項）

　２　ある事業年度において甲種類株主に対して支払う配当金の額が、優先配当金の額に達しないときは、その不足額は、翌事業年度以降に累積しない。

　（非参加条項）

　３　甲種類株主に対しては、優先配当金を超えて配当を行わない。

　ここで優先株式を発行する場合の株主総会における定款変更手続をみてみましょう。具体的には臨時株主総会を開いて特別決議を行い（会社法第309条第２項第11号、第466条）、以下のような議事録を作成します。

臨時株主総会議事録

平成　年　月　日　午後　時　分より、当社の本店において臨時株主総会を開催した。

　　発行済株式総数　　　　株
　　議決権のある株主数　　　名
　　その議決権の数　　　個
　　出席株主数　　　名
　　その議決権の数　　　個
　　議事録の作成に係る職務を行った取締役
　　　代表取締役　○○○○
　　議長　代表取締役　○○○○

　以上の出席により、本臨時総会は適法に成立したので、議長は開会を宣し、議事に入った。

第1号議案　　定款の一部変更の件
　議長は、発行する株式の内容についての種類株式発行に関する定めを置くため、定款を次のとおり変更したい旨を述べ、その理由を説明し、賛否を問うたところ、全員一致をもって下記のとおり満場異議なく承認可決した。

（発行可能株式の総数）
　第○条　当社の発行可能株式の総数は20,000株とする。
（発行する各種類の株式の内容および数）
　第○条　当社の発行する各種類の株式の内容および発行可能種類株式の総数は次のとおりとする。
　普通株式　10,000株
　甲種類株式　10,000株
（剰余金の配当についての優先甲種類株式）
　第○条　当社は、定款第○条に定める剰余金の配当を行うときは、甲種類株式を有する株主（以下「甲種類株主」という。）

第4章　優先株式・劣後株式の活用法　77

に対し、普通株式を有する株主（以下「普通株主」という。）に先立ち、甲種類株式1株につき年○○円の剰余金（以下「優先配当金」という。）を配当する。

（非累積条項）

2　ある事業年度において甲種類株主に対して支払う配当金の額が、優先配当金の額に達しないときは、その不足額は、翌事業年度以降に累積しない。

（非参加条項）

3　甲種類株主に対しては、優先配当金を超えて配当を行わない。

　議長は、以上をもって本日の議事を終了した旨を述べ、午後　時　分閉会した。

　以上の決議を明確にするため、議長ならびに出席取締役および出席監査役は次に記名押印する。

　平成　年　月　日

　○○県○○市○○町○丁目○○番地
　株式会社　○○○○

　議長　代表取締役　○○○○　　　印
　　　　取締役　　　○○○○　　　印
　　　　取締役　　　○○○○　　　印
　　　　監査役　　　○○○○　　　印

3 参加型と非参加型優先株

　参加型とは優先的な配当を受けた後に、さらに普通株式と同様の配当を受け取る権利を有する優先株式をいい、非参加型とはその権利を有しない優先株式をいいます。

　参加型優先株式は結果的に普通株式よりも多くの配当を得ることになるため、これを利用することで、たとえば新たに第三者に株主になってもらう際に有利な条件を提示することができます。

参加型優先株式

　➡　優先的な配当に加えて普通株式と同様の配当を受け取る権利を有する株式

非参加型優先株式

　➡　その権利を有しない株式

参加型優先株式

　➡　普通株式よりも多くの配当を得ることになる

　➡　第三者に株主になってもらう際に有利な条件を提示できる

　さらにその際に、配当優先株式でありかつ後述の議決権制限株式とすれば、配当優先株式による資金調達において、相手方

第4章　優先株式・劣後株式の活用法　**79**

にとって有利な条件を提示しつつ、議決権制限株式において、経営権の侵害を防ぐといった一石二鳥の効果もあります。

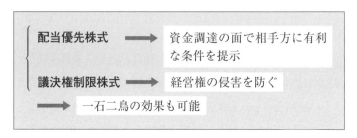

こういった種類株式の組合せを行うことで、会社にとって都合のよい資金調達を行うことができるため、種類株式の制度は会社にとって非常に役に立つものといえるでしょう。

4 累積型と非累積型

　累積型とは分配可能額が不足していたため、優先順位に基づく配当ができなかった場合に次回の配当時に前回の不足分を受け取ることができる優先株式であり、非累積型とはそれができない優先株式をいいます。

　これについても、累積型を採用することで新たに第三者に株主になってもらう際に、有利な条件を提示することができるため、株主にとっても非常に魅力のある制度ができます。

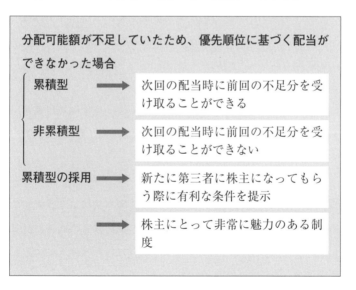

5 相続税法での評価について

　平成19年度税制改正において、種類株式についての評価方法が改正されました。

　具体的には平成19年2月19日に国税当局から公表された、「相続等により取得した種類株式の評価について（照会）」において、同族株主が相続等により取得した配当優先株式（第一類型）についての評価額は、以下のようになりました。

・類似業種比準価額方式により評価する場合には「1株当り配当金額」について株式の種類ごとに計算し、純資産価額方式により評価する場合には配当優先による影響を考慮しない。

・累積型・非参加型配当優先株であり、一定期間後に償還されるなどの要件を満たす社債類似株式（第二類型）についてはこれを社債として評価する。

　ここで配当優先株式を類似業種比準価額方式により評価する場合は、「1株当り配当金額」について株式の種類ごとに計算し、純資産価額方式により評価する場合には配当優先による影響を考慮しないことが明確になりました。

　つまり、配当優先部分は類似業種比準価額方式では株価に反

82

映され、純資産価額方式では株価には反映されません。

　それでは類似業種比準価額の計算式をみておきましょう。

類似業種比準価額

$$= A \times \frac{\left(\dfrac{Ⓑ}{B} + \dfrac{Ⓒ}{C} + \dfrac{Ⓓ}{D}\right)}{3} \times 斟酌率 \times \frac{1株当りの資本金等の額}{50円}$$

A…類似業種の株価（課税時期の属する月以前３カ月間の各
　月および前年平均額ならびに課税時期の属する月以前２年間
　の平均額のうち最も低い金額）

B…課税時期の属する年の類似業種の１株当りの配当金額

C…課税時期の属する年の類似業種の１株当りの年利益金
　額

D…課税時期の属する年の類似業種の１株当りの簿価純資
　産価額

Ⓑ…評価会社の直前期末および直前々期末における１株当
　りの配当金額の平均額

Ⓒ…評価会社の直前期末以前１年間または２年間の年平均
　における１株当りの利益金額のうちいずれかを選択

Ⓓ…評価会社の直前期末における１株当りの簿価純資産価
　額

斟酌率…大会社：0.7、中会社：0.6、小会社：0.5

$$\frac{1株当りの}{資本金等の額} = \frac{直前期末の資本金等の額}{直前期末の発行済株式数（自己株式を除く）}$$

第４章　優先株式・劣後株式の活用法　83

（注1）　Ⓑ、Ⓒ、Ⓓは、1株当りの資本金等の額を50円とした場合の1株当りのものを用い、マイナスの場合はゼロとします。

（注2）　A、B、C、Dの各数値は、国税庁が同種事業の上場会社の株価等から算定した公表数値（「類似業種比準価額計算上の業種目及び業種目別株価等」）を用います。

（注3）　業種は業種目別に、大分類・中分類・小分類に区分されています。大分類と中分類でどちらか有利なほう、または、中分類と小分類でどちらか有利なほうで計算できます。

（注4）　評価会社が複数の業種目を兼業している場合は、そのうち単独の業種目に係る収入が50％超の業種目によります。

（注5）　$\dfrac{Ⓑ}{B}$、$\dfrac{Ⓒ}{C}$、$\dfrac{Ⓓ}{D}$、$\dfrac{\dfrac{Ⓑ}{B}+\dfrac{Ⓒ}{C}+\dfrac{Ⓓ}{D}}{3}$ のそれぞれの数値は、小数点第2位未満を切り捨てます。1株当り資本金等の額50円当りの類似業種比準価額は、10銭未満を切り捨てます。また、評価株式の1株当りの類似業種比準価額は円未満を切り捨てます。

　次に純資産価額方式の計算式をみてみましょう。

　この場合は会社の清算を前提にして評価しますので、資産・負債については財産評価基本通達に定める相続税評価額での評価替えを行い、かつ含み益についての37％を控除（法人税、住民税および事業税等相当額を控除）します。

　注意点としては、課税時期前3年以内に取得した土地等や家屋等は相続税評価額ではなく通常の取引価額、つまり時価で評価することがあげられます。

また、負債については退職給与引当金その他の負債は計上で
きませんが、一方で未納の租税公課や被相続人の死亡により支
給される退職手当金等は負債として認められます。

---

① 相続税評価額による純資産価額＝相続税評価額による
　資産の合計額－負債の合計額

② 帳簿価額による純資産価額＝帳簿価額による資産の合
　計額－負債の合計額

③ 評価差額に相当する金額＝①－②

④ 評価差額に対する法人税等相当額＝③×37％

⑤ 課税時期現在の純資産価額＝①－④

⑥ 課税時期現在の１株当りの純資産価額＝⑤÷課税時期
　現在の発行済株式数

（注１）　純資産価額は、課税時期現在で仮決算をして算出す
　　　　るのが原則ですが、直前期末から課税時期までの間に
　　　　資産および負債の金額に著しい増減がない場合、直前
　　　　期末の資産および負債を課税時期の路線価等で評価し
　　　　た金額を用いることができます。

（注２）　株式の取得者の属する同族関係者グループの議決権
　　　　割合が50％以下である場合は⑥×80％（20％減）とし
　　　　ます。

第４章　優先株式・劣後株式の活用法　85

6 配当優先株式の限界について

　仮に会社が配当金の支払をまったく行わない場合には、いくら配当優先株式をもつ株主であっても配当金を受け取ることができません。

　こういった事態に備えて、一定の金額の分配可能額がある場合には配当金を支払う旨を、普通株式をもつ株主と配当優先株式をもつ株主との間の株主間の契約として結んでおくことや、金銭対価の取得請求権をつけることが必要になる場合もあります。

　なおこれはケース・バイ・ケースであり、株主間の利害対立の強弱によって判断するのが妥当です。

第 **5** 章

議決権制限株式の活用法

| ケース・スタディ | 完全無議決権株式・取得請求権付株式の活用 |

　当社の社長は100%オーナー株主です。

　社長は早くに妻を亡くし、男手一つで長男と長女を育て、長男は当社の専務になっています。

　社長は長男にオーナーの保有する株式のすべてを相続させようと考えましたが、もう１人の法定相続人である長女への遺産の配分が少なくなるため、長男には株式の３分の２を相続させ、長女には株式の３分の１に加えて長男と長女がそれぞれ相続する予定の株式の差額の金融資産を相続させることにしました。

　ここで長女は会社経営に興味を示してはいないものの、長女にも一定数の株式が相続されることで、長男の経営権が不安定になる可能性があると予想されました。

　このため、長女には完全無議決権株式を相続させることにしたのですが、５％だけ相続税の評価額が安くなる程度では納得していないようすでした。

　そこで、長女には完全無議決権株式であり、かつ取得請求権付株式（株主（この場合は長女）から株式発行会社へと買取請求できる権利を付与した株式、148ページ参照）である種類株式を与えて、株式をいつでも換金化する手段を提供しました。

　具体的には遺言書において長女には完全無議決権株式である取得請求権付株式と金融資産を相続させ、長男には議決権のある株式（普通株式）を相続させることにしました。

　つまり、議決権は長男に与え、経済的な利益は長女に与えることにしたわけです。

　この方針により、オーナー所有の株式の３分の１について完全無議決権株式である取得請求権付株式への転換を行い、これと金融資産を長女に相続させ、長男には残りの議決権のある株

式（普通株式）を相続させる旨の公正証書遺言を作成しています。

　相続税の評価額については、議決権のない株式についての5％評価減のルールを適用し、その軽減部分は議決権のある株式（普通株式）を相続する長男が負担しました。

　なお、発行済株式総数は15万株、議決権を考慮しない1株当りの相続税評価額は類似業種比準価額で3,000円です。

1 議決権制限株式とは

　議決権制限株式とは、株主総会において議決権を行使することができる事項について、他の株式とは異なる定めを置く株式です（会社法第108条第1項第3号）。

　この議決権制限株式には議決権がまったくない完全無議決権株式と、一部の事項について議決権をもたない狭義の議決権制限株式があります。

議決権制限株式

→ 株主総会において議決権を行使することができる事項について他の株式とは異なる定めを置く株式

議決権がまったくない完全無議決権株式

一部の事項について議決権をもたない狭義の議決権制限株式

　2種類あり

2 事業承継への活用

　議決権制限株式は事業承継対策には、ぴったりとはまる株式です。

　事業承継における大きな問題は、相続による株式の分散により議決権も一緒に分散するため、後継者が過半数の議決権を確保するのがむずかしい点でした。

　この議決権制限株式を利用すれば、株式所有の分散があったとしても議決権は分散しない工夫をすることができます。

　つまり議決権制限株式は、株式の議決権と財産権を分離させて、財産権のみを表す株式としたものです。

事業承継における大きな問題

　➡ 相続による株式の分散により議決権も分散する

　➡ 後継者が過半数の議決権を確保するのがむずかしい

議決権制限株式の利用

　➡ 株式の所有は分散する

　➡ 議決権を分散させないことが可能

　具体的には、大株主である社長があらかじめ普通株式と議決権制限株式（この場合は完全無議決権株式が望ましい）をもって

第5章　議決権制限株式の活用法　91

おき、相続の際には遺言書で後継者に普通株式を、後継者以外の相続人には議決権制限株式を相続させることで、相続によって株式は分散しても、議決権は分散させないことができます。

極端な話、普通株式1株以外はすべて議決権制限株式としておき、後継者には普通株式1株を、後継者以外の相続人には議決権制限株式を相続させることも可能です。

この場合、普通株式1株をもっている株主が会社を支配できます。

なおこの方法では、後継者以外の株主に不満が出るかもしれません。

その場合には、議決権制限株式について取得請求権をつけたり、配当優先株式とするなど、プラスの権利を付与することにより利益の調整を図ることができます。

それでも不満が出るようであれば、他の資産等で補うことになります。

大株主である社長があらかじめ普通株式と議決権制限株式をもつ

➡ 遺言書で後継者に普通株式

➡ 後継者以外の相続人には議決権制限株式

➡ 相続によって株式は分散しても議決権は分散させないことができる

後継者以外の株主の不満

➡ 議決権制限株式について取得請求権をつけたり配当優先株式とする

➡ プラスの権利を付与することにより利益の調整を図る

3 議決権制限株式の発行方法

　議決権制限株式を新たに発行するには、株主総会の特別決議により、発行可能種類株式総数と株主総会において議決権を行使することができる事項、および議決権の行使の条件を定めるときの条件を定款に定めて登記します（会社法第108条第1項第3号、第2項第3号、第466条、第309条第2項第11号、第911条第3項第7号）。

　この登記によって、第三者も議決権の制限状況を知ることができます。

議決権制限株式の発行

➡ 　株主総会の特別決議

　　発行可能種類株式総数と株主総会において議決権を行使することができる事項

　　議決権の行使の条件を定めるときの条件

➡ 　定款に定めて登記

　たとえば定款の定めの例としては、以下のようなものがあります。これは完全無議決権株式の事例です。

（議決権制限付甲種類株式）

第○条　甲種類株主は、株主総会において議決権を行使することができない。

　ここで議決権制限付株式を発行する場合の株主総会における定款変更手続をみてみましょう。具体的には臨時株主総会を開催し、以下のような議事録を作成します。

臨時株主総会議事録

平成　年　月　日　午後　時　分より、当社の本店において臨時株主総会を開催した。
　　発行済株式総数　　　　株
　　議決権のある株主数　　　名
　　その議決権の数　　　個
　　出席株主数　　名
　　その議決権の数　　　個
　　議事録の作成に係る職務を行った取締役
　　　代表取締役　○○○○
　　議長　代表取締役　○○○○

　以上の出席により、本臨時総会は適法に成立したので、議長は開会を宣し、議事に入った。

第1号議案　　定款の一部変更の件
　議長は、発行する株式の内容についての種類株式発行に関する定めを置くため、定款を次のとおり変更したい旨を述べ、その理由を説明し、賛否を問うたところ、全員一致をもって下記のとおり満場異議なく承認可決した。

（発行可能株式の総数）

第○条　当社の発行可能株式の総数は20,000株とする。
（発行する各種類の株式の内容および数）
第○条　当社の発行する各種類の株式の内容および発行可能
種類株式の総数は次のとおりとする。
普通株式　10,000株
甲種類株式　10,000株
（議決権制限付甲種類株式）
第○条　甲種類株主は、株主総会において議決権を行使する
ことができない。

議長は、以上をもって本日の議事を終了した旨を述べ、午
後　時　分閉会した。
以上の決議を明確にするため、議長ならびに出席取締役およ
び出席監査役は次に記名押印する。

平成　年　月　日

○○県○○市○○町○丁目○○番地
株式会社　○○○○

議長　代表取締役　○○○○　　　印
　　　取締役　　　○○○○　　　印
　　　取締役　　　○○○○　　　印
　　　監査役　　　○○○○　　　印

　議決権制限株式はその株式数が発行済株式総数の２分の１を
超えてはいけない時代もありましたが、現在ではその制約は公
開会社のみに限られており、株式譲渡制限会社ではその制約が
なくなっています（会社法第115条）。
　また、議決権制限株式について、さらに配当優先株式とする

ことが多かったのですが、現在では法律上は特にその必要もなくなっています。

議決権制限株式

➡ 株式譲渡制限会社では株式数の制約がない

➡ 配当優先株式とする必要もない

　問題はどうやって大株主である社長が議決権制限株式をもつようにするかですが、これについては以下のように3通り考えられます。

　イ　定款変更手続を経て、大株主である社長に議決権制限
　　株式を発行する方法

　いわゆる第三者割当増資といわれている方法です。この方法では問題なく議決権制限株式を発行できるのですが、社長が株式を引き受けるだけの資金力があるかどうかがポイントになります。

　また特定の者への新株発行に該当しますので、1株当りの発行価格が適正な時価である必要があります。

　ロ　全株主の同意を得て、大株主である社長の株式の一部
　　を議決権制限株式に変更する方法

　この場合には既存の株式の内容を変更することになるため、すべての株主の同意が必要と解されています。資金的な負担はありませんが、全株主の同意が得られるかがポイ

第5章　議決権制限株式の活用法　97

ントとなります。

　社長と対立するような少数株主がいない場合や100％オーナー会社の場合には、最も実効性が高い方法です。

　逆に対立する少数株主がいる場合には、大株主である社長の議決権割合が減少することによる影響も考慮しなければなりません。

　なお商業登記の実務上、総株主の同意書には実印の押印と印鑑証明書の添付は特に求められていませんが、実務的には総株主の同意なしにはこれが行えませんので注意が必要です。

ハ　定款変更手続を経て、既存の全株主に無償で議決権制限株式を割り当てる方法

　この場合にもロと同様に資金負担はなく、また少数株主がいたとしてもその利益を侵害しないため、比較的容易に実行できる方法といえます。

4 ベンチャーキャピタルへの活用

　会社が株式公開を目指している場合、ベンチャーキャピタルを利用することがありますが、ベンチャーキャピタルのねらいは株式公開時のキャピタルゲインです。

　したがって、ベンチャーキャピタルに対して発行する株式を議決権制限株式にしておくことで、経営に対する干渉を受けずに資金調達をすることが可能です。

　ただしベンチャーキャピタルは、金を出すかわりに口も出すのが普通ですから、株式公開が確実視されるなどの前提条件を満たす場合に限られているのが現状です。

ベンチャーキャピタルに対して発行する株式

➡ 議決権制限株式にしておく

➡ 経営に対する干渉を受けずに資金調達することが可能

5 合弁会社への活用

　いくつかの会社の出資によって新たに会社を設立する、いわゆる合弁会社を設立する際に、出資比率に関係なく議決権割合を同じにするために、議決権を調整する手段として議決権制限株式を使うことができます。

　高い出資割合をもつ側の一部の株式を議決権制限株式にすれば、議決権を出資する他の会社と同じにすることができるわけです。

　議決権の調整は種類株式ではなく株主間契約によっても可能なのですが、議決権に関する権利関係を明確にするため種類株式を用いるケースもあり、実際にこの方法は、合法的に経営権を均等にする方法として利用されています。

合弁会社の設立

　➡ 　議決権制限株式を利用

　➡ 　出資比率に関係なく議決権割合を同じにできる

6 単独株主や少数株主への配慮

　ただし、既述のように議決権制限株式であっても単独株主権や少数株主権への配慮は必要となります。

　少数株主権として、たとえば総株主の議決権の３％以上をもつ株主は帳簿閲覧請求権（会社法第433条）や取締役の解任請求権（会社法第854条）をもちますが、これらについては議決権のない株主であっても、発行済株式総数の３％以上をもてばその権利行使ができます。

　したがって、既述のように、たとえば相続対策のために、労使関係の悪い会社において従業員持株会に完全無議決権株式を与えることは避けたほうがいいでしょう。

　これに加えて会社法に規定されている株主の権利のうち、単独株主権や少数株主権について議決権基準が設けられていないときは、無議決権株式の所有者にも当該権利が認められます。

　たとえば完全無議決権株式の所有者は取締役の任務懈怠について、株主代表訴訟（会社法第847条）を起こすことができます。

議決権制限株式

➡　単独株主、少数株主への配慮は必要

　さらに完全無議決権株式であっても、議決権の行使がいっさ

第５章　議決権制限株式の活用法　**101**

いできないわけではありません。

たとえば、完全無議決権株式の所有者は種類株主総会においては議決権を行使できるのが原則であり、株式の種類の追加・変更、株式の併合・分割、合併などのために行う定款変更がある種類の株式の種類株主に損害を及ぼすおそれがある場合には、その種類株主総会の特別決議がないと効力が生じないため、種類株主総会で議決権の3分の1超を所有していれば、拒否権を発動することができます（会社法第324条第2項第4号）。

したがって議決権がないからといって、軽視することのないよう、配慮が必要です。

> **完全無議決権株式であっても、議決権の行使がいっさいできないわけではない**
>
> ➡ 議決権がないからといって、軽視することのないよう、配慮が必要

7 同族会社について

　平成18年度税制改正により、特定同族会社の留保金課税の対象となる会社の範囲の決定基準について、それまでの持株比率基準だけでなく、議決権基準が加わっています。

　この結果、無議決権株式の採用によって、特定の者に議決権が集まることで従来は同族会社でなかった会社が同族会社となることもありえます。

　同族会社に当てはまると法人税法上の留保金課税を受けるなど税務上（法人税上）のデメリットが出てきますので、十分に注意しなければなりません。

同族会社の範囲

　➡　持株比率基準だけでなく議決権基準が加わっている

無議決権株式の採用

　➡　従来は同族会社でなかった会社が同族会社となることもありうる

第5章　議決権制限株式の活用法　103

8 議決権制限株式の所有者がもつ拒否権について

　既述のように議決権制限株式をもつ株主であっても、その種類株主総会においては、議決権をもちます。

　ただし定款で種類株主総会の決議を不要とすることができるものとできないものがあり、その区別については以下の表をご参照ください。

種類株主総会決議事項とその排除の可否

種類株主総会の決議事項	決議要件	排除の可否
1　次の行為をする場合において、ある種類の種類株主に損害を及ぼすおそれがある場合 ①定款の変更（(a)株式の種類の追加、(b)株式の内容の変更、(c)発行可能株式総数または発行可能種類株式総数の増加）、②株式の併合または分割、③株式無償割当て、④株主割当てによる株式引受人の募集、⑤株主割当てによる新株予約権引受人の募集、⑥新株予約権無償割当て、⑦合併、⑧吸収分割、⑨吸収分割による権利義務の承継、⑩新設分割、⑪株式交換、⑫株式交換による株式の取得、⑬株式移転	特別決議	①のみ不可、その他は可能

104

		不可
2　種類株式に譲渡制限をする場合における定款変更	特殊決議	（ただし、もともと無議決権株式に譲渡制限をつけておけば問題とならない）
3　種類株式に全部取得条項を付する場合における定款変更	特別決議	不可
4　譲渡制限株式の募集、譲渡制限株式を目的とする新株予約権の募集	特別決議	可能
5　種類株式発行会社である消滅会社等において譲渡制限株式等の割当てを受ける種類の株式（譲渡制限株式を除く）がある場合における合併契約等の承認	特殊決議	不可（ただし、もともと無議決権株式に譲渡制限をつけておけば問題とならない）
6　種類株式発行会社である存続会社等において交付する株式が譲渡制限株式である場合における合併契約等の承認	特別決議	可能

（太田洋・松尾拓也編著『種類株式ハンドブック』商事法務より抜粋）

　このうち定款で種類株主総会の決議を不要とすることができるものについては、その定款規定を設けることを強くお勧めします。

　逆に種類株主総会の決議を不要とすることができないものについては、その決議に関して種類株式の所有者に拒否権を与え

たのに等しいため、種類株主総会でも3分の2以上の議決権確保を目指すことや、株主間の契約で種類株主総会での議決権行使に制約を加えるなど、他の対策が必要になります。

9 ケース・スタディへの当てはめと相続税法上の評価額

(1) 完全無議決権株式の採用

　普通株式から完全無議決権株式への転換は、実務上は旧商法の時代から株主全員の同意が必要とされています。

　しかし、本ケースでは100%オーナー会社ですので、この面での心配はいりませんでした。

　本ケースでは大株主であるオーナー社長が前もって普通株式と完全無議決権株式を保有しておき、遺言書により後継者である長男に普通株式を、長女には完全無議決権株式と金融資産を相続させました。

　この方法を利用することで、相続によって株式が分散するとしても、議決権を分散させないようにすることで、将来経営が混乱するおそれを取り除くことができました。

　なお、長男に発生する相続税については金庫株制度の利用により納税資金対策を行いました。

(2) 相続税法上の評価額について

　完全無議決権株式についての税務上の評価方法が明らかになっています。

　完全無議決権株式の評価について、原則としては普通株式と

して評価しますが、例外的に一定の要件を満たす場合には原則的評価額から５％分を控除し、その５％分を他の議決権のある株式の評価額に加算することができます。

　これを本ケースに当てはめると、長女が相続する自社株の評価額は、１株当り2,850円（3,000円×（100％－５％））になります。

　したがって、長女は2,850円×５万株＝１億4,250万円の財産を相続することになり、議決権のある株式（普通株式）に比べて750万円だけ評価額が低いことになります。

　これに対して長男のもつ株式の評価額は、長女に対して軽減された評価額750万円が上乗せされ、3,000円×10万株＋750万円＝３億750万円になります。

　つまり、長男は長女から株式の評価額750万円に係る相続税の負担を対価として会社の議決権を買い取ったのと同じです。

　議決権が分散することによる将来の経営の混乱を事前に防止する観点からは、小さな負担であったといえましょう。

完全無議決権株式の評価

原則的評価方式により評価した価額から５％マイナスする
その５％部分を他の議決権のある株式の評価額にプラスする

108

(3) 取得請求権付株式の活用

　取得請求権付株式は、株主が発行会社に対して株式の取得を請求することができる株式です。

　この取得請求があった場合には、会社は原則としてこれを拒否できず、貸借対照表の剰余金から計算される分配可能額が足りない場合を除いて株式を取得しなければなりません。

　本ケースでは、長女に渡す完全無議決権株式を取得請求権付株式とすることで、長女はいつでも会社に対して株式の換金を求めることができることになり、長女にとっても不満のない方法になっています。

　つまり、長女にとって会社は貯金箱がわりになっていることになり、長女がそれまで抱いていた不信・不満（自分が兄よりも損をしているのではないかという気持ち）を払拭するには十分でした。

　一方、会社にとっても、この取得請求権の行使によって将来の株式の分散が防止できる効果があり、相続・事業承継対策上、長女からの株式の取得請求は望ましいといえます。

　これは完全無議決権株式をもつ株主であっても単独株主権や少数株主権をもつため、将来の事業経営にとってはやはりマイナスとなるからです。

　なお取得請求権付株式の取得請求の際には、会社の意思に基づく自社株の買取りと異なり、仮に他の株主がいたとしても追加売却請求権（自分も同じように会社に株式を売りたいという権

第5章　議決権制限株式の活用法　**109**

利）は発生しませんので、会社側も安心して取得請求に応じる
ことができます。

第 **6** 章

譲渡制限株式の活用法

| ケース・スタディ | 役員・幹部職員への自社株付与での譲渡制限株式の活用 |

当社の社長は100%オーナー株主です。これまでは、株式を社長１人で所有していたため、株式の譲渡制限は問題になりませんでしたが、この度、株式の上場を目指すことになり、上場時にキャピタルゲインが得られるよう、役員と幹部職員に対して自社株式の第三者割当増資を行うことになりました。

幸いなことに会社の業績は好調なため、このまま業績が推移すれば、東証マザーズ市場への上場ができそうです。

そこで、上場前に株式の譲渡による分散が起こらないように、定款で株式譲渡制限をつけることを可能とし、役員と幹部職員に割り当てる株式は譲渡制限株式とすることにしました。

なお当社は取締役会設置会社ですので、譲渡の承認は取締役会で行う予定です。

ただし、当社はメインのメガバンクからのアドバイスにより、定款において「会社から相続等により譲渡制限株式を取得した者に対して、その株式を会社に売り渡すことを請求することができる旨を定める（会社法第174条）」会社にする予定であるため、仮に社長が亡くなった場合は、社長の後継者である相続人は会社から株式の売渡請求を受けてしまいます。

これに備えて社長のもつ株式にだけは株式の譲渡制限をつけずにおき、社長に相続が発生した場合には売渡請求が起こらないように工夫しました（40ページ参照）。

1 譲渡制限株式とは

　譲渡制限株式とは、譲渡による株式の取得について発行会社の承認を必要とする株式です（会社法第108条第1項第4号）。

　中小企業の大部分にはこの譲渡制限がついており、既存の株主以外の第三者に株式が容易に渡らないように設計されています。

　これにより第三者が株主になることによる会社経営への干渉や、会社の乗っ取りを防止できるわけです。

　会社法では少数株主権が強化されたのですが、最も基本的な少数株主対策は新たな少数株主を生まない工夫であり、譲渡制限株式はその面ではぴったりといえるでしょう。

譲渡制限株式

➡ 譲渡による株式の取得について発行会社の承認を必要とする株式

中小企業の大部分にはこの譲渡制限がついている

➡ 既存の株主以外の第三者に株式が容易に渡らないように設計されている

➡ 第三者による会社経営への干渉や会社の乗っ取りが防止できる

第6章　譲渡制限株式の活用法　113

少数株主権の強化

➡ 最も基本的な少数株主対策は新たな少数株主を生まない工夫

➡ 譲渡制限株式はその面ではぴったり

　譲渡制限株式は旧商法においても存在したのですが、旧商法ではすべての株式に譲渡制限をつけるか、あるいはつけないかの二つしかなく、一部の株式にのみ譲渡制限をつけることはできませんでした。

　これに対して会社法では、一部の株式にのみ譲渡制限を設ける方法も認めています。

会社法

➡ 一部の株式にのみ譲渡制限を設ける方法も認めている

　なお一部の株式にのみ譲渡制限を設けた場合には、会社法上は株式譲渡制限会社ではなく公開会社に分類されます。

　会社法では公開会社という言葉は、上場会社ではなく株式譲渡制限会社でない株式会社という意味で使っている点にご注意ください。

> **一部の株式にのみ譲渡制限を設けた場合**
>
> ➡️ 会社法上は株式譲渡制限会社ではなく公開会社に分類される

　株式譲渡制限会社か公開会社かは、会社の機関設計や計算書類の作成等に影響を及ぼします。

　たとえば株式譲渡制限会社である中小会社の場合には取締役会や監査役は不要であり、株主総会と取締役のみの機関設計が可能です（会社法第295条、第326条第1項、第327条、第328条）。

　ここでいう中小会社とは資本金5億円未満であり、かつ負債総額200億円未満の株式会社のことです（会社法第2条第6号の大会社以外のもの）。

　また、株式譲渡制限会社で会計監査人（公認会計士または監査法人）を設置していない場合には、計算書類の注記について大幅な省略が可能です（会社計算規則第98条第2項）。

　さらに株式譲渡制限会社では公開会社と異なり役員の任期を10年まで延ばすことができる点（会社法第332条第2項）や、議決権制限株式を発行する場合はその株式数についての制約がない点（会社法第115条）、さらに株主ごとにその内容について異なる定めを置くことができる点（会社法第109条第2項）などもメリットといえます。

株式譲渡制限会社である中小会社の場合

➡ 取締役会や監査役は不要

➡ 株主総会と取締役のみの機関設計が可能

株式譲渡制限会社で会計監査人（公認会計士または監査法人）を設置していない場合

➡ 計算書類の注記について大幅な省略が可能

株式譲渡制限会社のメリット

➡ 役員の任期を10年まで延ばすことができる

議決権制限株式を発行する場合はその株式数についての制約がない

株主ごとにその内容について異なる定めを置くことができる

2 譲渡を承認する機関

　旧商法では、譲渡を承認する機関は取締役会とされていました。

　一方会社法では、譲渡を承認する機関は原則としては株主総会（取締役会を設けている会社では取締役会）ですが、定款で定めることにより代表取締役とすることも可能です（会社法第139条第1項。ただし、取締役会より下位の機関を決定機関と定めることはできないとする説も有力）。

　代表取締役が譲渡を承認すると定めることで、取締役会を設けていない会社において、そのつど株主総会を開いて譲渡の是非を議論するという実務上の問題を避けることができます。

　その面からは、定款の定めにおいて譲渡を承認する機関を明らかにすることは、非常に意味のあることといえます。

　なお、譲渡人・譲受人ともに譲渡を承認する機関決定では、議決権の行使ができません（会社法第369条第2項、第309条第2項）。

　これは株式の譲渡人・譲受人が特別利害関係者に当たるためです。

第6章　譲渡制限株式の活用法　117

株式の譲渡を承認する機関

→ 原則としては株主総会（取締役会を設けている会社では取締役会）

→ 定款で定めることにより代表取締役とすることも可能

→ 株主総会を開いて譲渡の是非を議論するという実務上の課題を回避できる

　また定款に既存の株主間の譲渡については会社の承認があったとみなして承認手続を不要とし、新たな株主へ譲渡する際にのみ会社の承認を必要とすると定めることもできます（会社法第108条第2項第4号、第107条第2項第1号ロ）。

　株主一族の結束が固い場合には、この方法の採用も意味があるでしょう。

既存の株主間の譲渡については会社の承認があったとみなす

→ 新たな株主へ譲渡する際にのみ会社の承認を必要とすると定める

→ 株主一族の結束が固い場合にはこの方法の採用も意味がある

3 種類株式の組合せ

　種類株式を組み合わせて、譲渡制限株式であり、かつ配当優先株式とすることもできます。

　たとえば配当優先の譲渡制限株式の譲渡の承認は取締役会決議が必要であるとし、他の譲渡制限株式は代表取締役の承認で譲渡が可能であるとしておけば、他の譲渡制限株式の譲渡について無用な議論をしなくてすみます。

　同じ譲渡制限を設ける場合であっても、会社の実情に応じて、自由に設計できる点が種類株式の大きな利点です。

種類株式の組合せ

➡ 譲渡制限株式かつ配当優先株式

配当優先の譲渡制限株式の譲渡の承認

➡ 取締役会決議が必要であるとする

他の譲渡制限株式の譲渡の承認

➡ 代表取締役の承認で可能とする

➡ 他の譲渡制限株式の譲渡について無用な議論をしなくてすむ

第6章　譲渡制限株式の活用法　119

4 先買権者・買受人の指定

　すでに述べましたが、株式譲渡制限会社における先買権者・買受人の指定の請求に際し、定款で会社自身を先買権者・買受人に指定することもできるようになりました。

　先買権者とは、株主が株式を譲渡する際に買受人として指定された者です。

　株式譲渡制限会社では、株主からの会社に対する株式の買取請求は原則として断ることができますが、第三者への譲渡の承認請求を断るには、自分で買い取るか、他の買取人を指定しなければなりません（会社法第140条第1項、第4項）。いずれも株主総会の特別決議が必要です（会社法第140条第2項、第5項、第309条第2項第1号）。

　先買権者の制度は、この際に定款であらかじめ買受人を決めておき、その者だけが株式を譲り受ける権利をもつとした制度です（会社法第140条第5項）。

　旧商法では先買権者をあらかじめ指定することはできませんでしたが、会社法ではこれが可能となっています。

　これにより株式譲渡制限会社では、定款で会社自身を先買権者とすることで、会社自身以外に株式を譲渡することができないようにしておくことも可能であり、これにより株式が現状以上に分散することを防止できます。

つまり、定款において「会社はいつでも自社株式を買います。でも他には売らないでください」というメッセージを発しているわけです。

　この場合、株式の換金（譲渡）が進めば進むほど、会社に株式が集中することになり、将来の事業承継における課題を事前に解決できます。

　このように会社法では定款自治を尊重し、定款においてその会社にあった譲渡制限を設けることで、よりスムーズな経営を行うことが可能となっています。

株式譲渡制限会社

➡ 定款で会社自身以外に株式を譲渡することができないようにしておける

➡ 株式が現状以上に分散することを防止できる

会社法の定款自治

➡ 定款においてその会社にあった譲渡制限を設ける

➡ よりスムーズな経営を行うことが可能

第6章　譲渡制限株式の活用法　121

5 譲渡制限株式の発行方法

　譲渡制限株式を発行するには、株主総会の特別決議により、発行可能種類株式総数とその株式を譲渡により取得することについて会社の承認を必要とする旨を定款に定めて登記します（会社法第107条第2項第1号イ、第108条第1項第4号、第2項第4号、第309条第2項第11号、第466条、第911条第3項第7号）。

　また一定の場合において会社が承認をしたとみなすとき、たとえば既存の株主間の譲渡については会社の承認があったとみなすときなどは、その旨とその一定の場合を定款に定めて登記します（会社法第107条第2項第1号ロ）。

　この登記により、第三者も会社がどのような譲渡制限を設けているかを知ることができるわけです。

　株主間の内紛が予想されるような会社が、どのような制度をとっているかを知ることは、将来のトラブル防止の観点からは非常に重要です。

譲渡制限株式の発行

➡ 株主総会の特別決議

発行可能種類株式総数とその株式を譲渡により取得することについて会社の承認を必要とする旨

一定の場合において会社が承認をしたとみなすとき

➡ 定款に定めて登記

➡ 第三者も会社がどのような譲渡制限を設けているかを知ることができる

➡ 将来のトラブル防止の観点からは重要

　たとえば、定款の定めの例としては以下のようなものがあります。

（株式の譲渡制限）

　第○条　当社の発行する甲種類株式を譲渡によって取得するには、取締役会の承認を必要とする。

　ただし当社の株主に譲渡する場合は、承認したものとみなす。

　種類株式を発行するには、株主総会の特別決議により定款変更を行う必要があります。

　ここでは新たに譲渡制限付株式を発行する場合の定款変更手続をみてみましょう。具体的には臨時株主総会を開いて特別決

第6章　譲渡制限株式の活用法　**123**

議を行い（会社法第309条第2項第11号、第466条）、以下のような議事録を作成します。

臨時株主総会議事録

平成　年　月　日　午後　時　分より、当社の本店において臨時株主総会を開催した。
　　発行済株式総数　　　　株
　　議決権のある株主数　　　名
　　その議決権の数　　　個
　　出席株主数　　　名
　　その議決権の数　　　個
　　議事録の作成に係る職務を行った取締役
　　　代表取締役　　○○○○
　　議長　代表取締役　　○○○○

　以上の出席により、本臨時総会は適法に成立したので、議長は開会を宣し、議事に入った。

第1号議案　　定款の一部変更の件
　議長は、発行する株式の内容についての種類株式発行に関する定めを置くため、定款を次のとおり変更したい旨を述べ、その理由を説明し、賛否を問うたところ、全員一致をもって下記のとおり満場異議なく承認可決した。

（発行可能株式の総数）
　第○条　当社の発行可能株式の総数は20,000株とする。
（発行する各種類の株式の内容および数）
　第○条　当社の発行する各種類の株式の内容および発行可能種類株式の総数は次のとおりとする。
　普通株式　10,000株
　甲種類株式　10,000株

（譲渡制限付甲種類株式）

　第○条　当社の発行する甲種類株式を譲渡によって取得するには、取締役会の承認を必要とする。

　ただし当社の株主に譲渡する場合は、承認したものとみなす。

　議長は、以上をもって本日の議事を終了した旨を述べ、午後　時　分閉会した。

　以上の決議を明確にするため、議長ならびに出席取締役および出席監査役は次に記名押印する。

　平成　年　月　日

　○○県○○市○○町○丁目○○番地
　株式会社　○○○○

　議長　代表取締役　○○○○　　　印
　　　　取締役　　　○○○○　　　印
　　　　取締役　　　○○○○　　　印
　　　　監査役　　　○○○○　　　印

　なお会社が定款を変更してある種類株式を譲渡制限株式とする場合には、さらに当該種類株主からなる種類株主総会の特殊決議が必要となります（会社法第111条第2項、第324条第3項第1号）。

　この特殊決議は、原則として議決権を行使することができる株主の半数以上であって、その株主の議決権の3分の2以上に当たる多数決での決議をいいます。特殊決議は頭数要件と議決権要件の両方が必要であることから、特別決議よりも要件が重くなっている点に注意してください。

これに反対する当該種類株主は、会社に対して株式の買取請求を行う権利があります（会社法第116条第1項第2号）。これは譲渡制限に反対する少数株主を保護する姿勢の表れです。

また既存の株式全部を譲渡制限株式に変更するときは、既存株主による株主総会の特殊決議（要件は上記と同じ）が必要です（会社法第309条第3項）。

譲渡制限株式を発行する条件

➡ その種類株主総会の特殊決議が必要

➡ 反対株主には会社に対して株式の買取請求を行う権利がある

6 譲渡制限株式の譲渡の承認

　株式譲渡制限会社（すべての株式について、譲渡にあたり会社の承認を必要とする会社）における譲渡承認に関する取締役会議事録、取締役会を設けていない場合の株主総会議事録をみていきましょう。

　会社法では株式譲渡制限会社について、取締役会を任意の機関としています（会社法第326条第2項、第327条第1項）。

　したがって、株式譲渡制限会社において株主から株式の譲渡の承認請求があった場合、定款に別段の定めがないときは、取締役会を設けている会社では取締役会において、また、取締役会を設けていない会社では株主総会において、その譲渡の承認を行うか否かを決議します（会社法第139条第1項）。

　また、取締役会を設けている場合であっても、定款で定めれば、議決に加わることができる取締役全員が書面により議案に同意する意思表示をした場合には、その提案を可決した決議があったものとみなし（書面によるみなし決議）、取締役会の開催を省略することが認められています（会社法第370条）。

　なお、これは監査役が異議を述べていないことが要件となっています。

　この方法は当事者の負担が少なくてすむため、実務的には非常にお勧めの方法です。

第6章　譲渡制限株式の活用法　127

会社法では、株式譲渡制限会社における株主からの株式譲渡の承認の請求を認めており（会社法第136条）、仮に会社がこれを断る場合には会社自身が買い取るか、あるいは他の買取人を指定しなければなりません（会社法第140条第1項、第4項）。

その意味では株式譲渡制限会社においても、株主は投下資本の回収のため、その株式を譲渡できることが保証されています。

以下の(1)の取締役会議事録は、株式譲渡制限会社で取締役会を設けている場合の取締役会の議事録のモデル、(2)の取締役会議事録は、取締役会を設けている場合で、取締役全員の同意によるみなし決議による場合の議事録のモデルです。なお(2)による場合であっても、取締役会議事録が必要である点は変わりませんので注意が必要です。

また(3)の臨時株主総会議事録は、株式譲渡制限会社で取締役会を設けていない場合の臨時株主総会の議事録のモデルです。

(1) 株式譲渡の承認に係る取締役会議事録（取締役会を設けている場合）

取締役会議事録

平成　年　月　日　午後　時　分より、当社の本店において取締役会を開催した。
　　出席取締役　　名　（全取締役　　名）
　　出席監査役　　名　（全監査役　　名）
代表取締役である○○○○は、選ばれて議長となり、開会を宣

128

し、議事に入った。

第1号議案　　当社の株式譲渡の件
　議長は、株主○○○○より当社の株式譲渡承認請求が提出されている旨を述べ、これを議場に諮ったところ、下記のとおり満場異議なく承認可決した。

記

　○○○○の所有する普通株式○○株を、○○○○に譲渡する。

　議長は、以上をもって本日の議事を終了した旨を述べ、午後　時　分閉会した。

　以上の決議を明確にするため、議長ならびに出席取締役および出席監査役は次に記名押印する。

　平成　年　月　日

　○○県○○市○○町○丁目○○番地
　株式会社　○○○○

　議長　代表取締役　○○○○　　　印
　　　　取締役　　　○○○○　　　印
　　　　取締役　　　○○○○　　　印
　　　　監査役　　　○○○○　　　印

(2) 株式譲渡の承認に係る取締役会議事録（取締
役会を設けている場合で、取締役全員の同意によ
るみなし決議による場合）

みなし決議に関する取締役会議事録

取締役会の決議があったものとみなされた事項の内容
第1号議案　　当社の株式譲渡の件
○○○○の所有する普通株式○○株を、○○○○に譲渡する。

上記の提案をした取締役
○○○○

取締役会の決議があったものとみなされた日
平成　年　月　日

　上記のとおり、会社法第370条の規定により、取締役会の決議があったものとみなされたので、これを証するために議事録を作成する。

　○○県○○市○○町○丁目○○番地
　株式会社　○○○○

議事録作成者　代表取締役　　○○○○　　　印

なお、取締役会の決議があったとみなされた日は、最後の同意書の到着日となります。

この場合には、代表取締役から各取締役・監査役へ提案書を送付し（切手を貼った返信用の封筒を同封してください）、各取締

役・監査役から代表取締役へ同意書を返送してもらうことになり、そのモデルは以下のとおりです。

平成　年　月　日

役員各位

　　　　　　　　〇〇県〇〇市〇〇町〇丁目〇〇番地
　　　　　　　　株式会社　〇〇〇〇
　　　　　　　　代表取締役　　〇〇〇〇　　　　印

提案書

　会社法第370条の規定に基づき、取締役会の決議事項について、下記のとおり提案致します。

　つきましては、別紙「同意書」により、来る　月　日までに必着すべくご送付くださいますようお願い申し上げます。

記

第1号議案　　当社の株式譲渡の件
〇〇〇〇の所有する普通株式〇〇株を、〇〇〇〇に譲渡する。

平成　年　月　日

〇〇県〇〇市〇〇町〇丁目〇〇番地
株式会社　〇〇〇〇
代表取締役　　〇〇〇〇　殿

　　　　　　　　住所
　　　　　　　　取締役（または監査役）
　　　　　　　　〇〇〇〇　　　印

第6章　譲渡制限株式の活用法　131

同意書

　私は、会社法第370条の規定に基づき、取締役会の決議事項についての下記提案に対して同意します（監査役の場合には「異議はございません」）。

記

第1号議案　　当社の株式譲渡の件
○○○○の所有する普通株式○○株を、○○○○に譲渡する。

(3)　株式譲渡の承認に係る株主総会議事録（取締役会を設けていない場合）

臨時株主総会議事録

平成　年　月　日　午後　時　分より、当社の本店において臨時株主総会を開催した。

　　発行済株式総数　　　　株
　　議決権のある株主数　　　名
　　その議決権の数　　　個
　　出席株主数　　　名
　　その議決権の数　　　個
　　議事録の作成に係る職務を行った取締役
　　　代表取締役　○○○○
　　議長　代表取締役　○○○○

　以上の出席により、本臨時総会は適法に成立したので、議長は開会を宣し、議事に入った。

第1号議案　　当社の株式譲渡の件

議長は、株主○○○○より当社の株式譲渡承認請求が提出されている旨を述べ、これを議場に諮ったところ、下記のとおり満場異議なく承認可決した。

記

○○○○の所有する普通株式○○株を、○○○○に譲渡する。

　議長は、以上をもって本日の議事を終了した旨を述べ、午後　時　分閉会した。

　以上の決議を明確にするため、議長ならびに出席取締役および出席監査役は次に記名押印する。

　平成　年　月　日

　○○県○○市○○町○丁目○○番地
　株式会社　○○○○

　議長　代表取締役　○○○○　　　印
　　　　取締役　　　○○○○　　　印
　　　　取締役　　　○○○○　　　印
　　　　監査役　　　○○○○　　　印

　株式譲渡制限株式の譲渡承認の株主総会の決議は普通決議によりますが（会社法第309条第1項）、特定の株主から会社自身が買い取る場合は、取締役会を設けていたとしても、株主総会の特別決議によります（会社法第160条第1項、第309条第2項第2号）。

　なお、売買の当事者である取締役や株主は、特別の利害関係をもつため、取締役会や株主総会における機関決定に参加できない点に留意が必要です。

7 譲渡制限株式の限界

　会社法では、株式譲渡制限会社における株主からの株式譲渡の承認の請求を認めており（会社法第136条）、仮に会社がこれを断る場合には会社自身が買い取るか、あるいは他の買取人を指定しなければなりません（会社法第140条第1項、第4項）。

　さらに一定期間にこれらを実施できなければ株式譲渡の承認をしたとみなされるため（会社法第145条）、株式譲渡制限会社においても、株主はその株式を譲渡できることが保証されています。

　実際にはこのみなし承認制度によって、株式が移転することも多く、結論の先延ばしは譲渡を承認することに等しいことを知っておかなければなりません。

　株式の譲渡を完全に禁止することはできない仕組みになっている点に、十分留意してください。

　株式の取得はいわゆる資本投下であり、流動性の高い低いはあるにせよ、資本主義の考え方からすれば、当然に資本の回収手段は保証されているわけです。

　こういった側面からも、少数株主対策を軽んじると手痛いしっぺ返しが待っていることがわかります。

8 ケース・スタディへの当てはめ

　このケースでは、まず株主総会での特別決議により定款変更を行い、譲渡制限株式の発行を可能としたうえで、役員や幹部職員に譲渡制限株式を発行することになります。現在の株主は社長1人なので、株主総会での承認手続に問題はないでしょう。社長の保有する株式以外の株式はすべて株式譲渡制限がついているため、株式の分散を心配する必要性は小さくなっています。

　社長のもつ株式だけに株式譲渡制限をつけていないのは、仮に社長が亡くなった場合に会社から社長の後継者である相続人への株式の売渡請求が起こらないようにするためですが、これにより社長の死亡を契機として、後継者が経営陣から締め出されるというクーデターの発生を防止できます。

第 **7** 章

取得請求権付株式の活用法

1 取得請求権付株式とは

　取得請求権付株式とは、株主が株式の発行会社に対して、自分のもつ株式の取得を請求することができる権利のある株式です（会社法第108条第1項第5号）。

　売る権利のことをプット・オプションというのですが、取得請求権付株式はこのプット・オプション付株式といえます。

　この権利は株主側にあり、取得請求があった場合には分配可能額がない場合を除いて、会社は株式を取得しなければなりません（会社法第166条第1項、第461条第2項）。

　会社は分配可能額がある限り、この取得請求を断れない点がポイントです。

　なおここでの分配可能額とは、貸借対照表の純資産の部における剰余金を基にして計算された金額で、現金預金ではありませんのでご注意ください。

　この逆が第8章にみる取得条項付株式で、会社側に株式を買い取る権利があります。

　今度は株主が断れないわけです。

　要するに、株主が会社に売り渡す権利をもつのが取得請求権付株式、会社が株主から買い取る権利をもつのが取得条項付株式です。

取得請求権付株式

➡ 株主が会社に対して株式の取得を請求することができる権利のある株式

➡ プット・オプション付株式

売る権利は株主側にある

➡ 取得請求があった場合には原則として会社は株式を取得する

➡ この取得請求を断れない点がポイント

　なお取得請求権付株式は、その取得の対価として現金だけでなく、社債その他の財産や他の種類の株式など、対価の種類を幅広く認めています。

　これを利用して、株主から取得請求を受けても資金負担がない仕組みをつくることもできます。

　また、取得請求に条件をつけることも可能であり、たとえば「代表取締役が○○氏でなくなった場合」等に取得請求できるといった設定もできます。

2 事業承継対策での活用

　取得請求権付株式も事業承継対策にはうってつけです。

　大株主である社長があらかじめ普通株式と議決権制限株式を
もっておき、相続の際には遺言書で後継者に普通株式を、後継
者以外の相続人には議決権制限株式を相続させることで、相続
に伴う議決権の分散と、その後の経営の混乱を防止することが
できることは既述のとおりです。

**大株主である社長があらかじめ普通株式と議決権制限株式
をもつ**

➡　遺言書で後継者に普通株式

　　後継者以外の相続人には議決権制限株式を相続
　　させる

➡　相続によって株式は分散しても議決権は分散さ
　　せないことができる

　この際に後継者以外の相続人は議決権制限株式を相続するた
め、株式の評価が5％安いくらいでは、経営に対してタッチで
きないことへの不満が生まれるおそれがあります。

　この不満を解消する手段として、後継者以外の相続人に相続
させる議決権制限株式に取得請求権をつけることがあります

（第5章のケース・スタディ参照）。

この方法では会社に分配可能額がある限り、後継者以外の相続人はいつでも会社に対して株式の買取りを求めることができるため、後継者以外の相続人にとって現実的で有利な方法といえます。

後継者以外の相続人は議決権制限株式を相続する

➡️ 経営に対してタッチできないことによる不満が生まれるおそれ

この不満を解消する手段

➡️ 議決権制限株式に取得請求権をつける

後継者以外の相続人はいつでも株式の買取りを求めることができる

➡️ 非常に現実的で有利な方法

そもそも後継者以外の相続人は、（口では違ったことをいうかもしれませんが）経営に対してあまり関心がないのが普通であり、役に立たない株式よりもお金のほうがうれしいのは当然です。

議決権と引き換えに取得請求権をつけることで、後継者以外の相続人にとっても十分に満足できるスキームになります。

なお株式の取得請求の際には他の株主に追加売却請求権（自分も会社に株式を売りたいと請求する権利）はありませんので、他の株主からの買取りを心配する必要はありません。

第7章　取得請求権付株式の活用法　141

したがって会社側も安心して取得請求に応じることができます。

後継者以外の相続人

➡ 経営に対してあまり関心がないのが普通

➡ 株式よりもお金のほうがうれしいのは当然

議決権と引き換えに取得請求権をつける

➡ 議決権制限株式の後継者以外の相続人にとっても十分満足できるスキーム

他の株主に追加売却請求権はない

➡ 会社側も安心して取得請求に応じることができる

3 ベンチャーキャピタルへの活用

　株式の上場にあたり、ベンチャーキャピタルに株式を発行している場合、株式の上場に失敗したときに、経営者や会社自身が買戻しを求められることがあります。

　しかしその際に買戻しがスムーズにいかない場合も多く、トラブルが発生することがよくあります。

　これを回避するために、あらかじめベンチャーキャピタルに対して発行する株式を取得請求権付株式にしておくことで、トラブルを未然に防止できます。

　ただし会社の業績が悪く、分配可能額がなければベンチャーキャピタル側からの取得請求はできないという問題は残ります。

株式の上場にあたりベンチャーキャピタルに株式を発行している場合

　➡　株式の上場に失敗すると経営者や会社自身が買戻しを求められることがある

その際に買戻しがスムーズにいかない

　➡　トラブルが発生することがよくある

第7章　取得請求権付株式の活用法　143

ベンチャーキャピタルに対して発行する株式を取得請求権
付株式にしておく

　　　　━━━▶　トラブルを未然に防止できる

4 第三者割当増資への活用

　たとえば仕入業者から資金を出してもらうために第三者割当増資を行う際に、取得請求権付株式であれば仕入業者側も応じやすくなります。

　株主は取得請求権を行使すれば、いつでも株式の換金が可能となります。

　仕入業者にとっても、金利が極端に低い現状では、金融機関に預金するよりも得意先の株式を所有したほうが、配当利回りが高いことが多いでしょうし、何よりも得意先に対して「貸し」ができることで、力関係が有利になります。

　このように取得請求権付株式は、増資に応じてもらいやすい点が大きなメリットであるといえます。

　半面、会社側としては分配可能額がある限り、取得請求を断ることができず、これに応じる義務があることがデメリットになりますので、このメリットとデメリットを天秤にかけて判断しなければなりません。

仕入業者に第三者割当増資を行う

➡️ 取得請求権付株式であれば仕入業者側も応じやすくなる

第7章　取得請求権付株式の活用法　**145**

- 増資に応じてもらいやすい点が大きなメリット
- 会社側としては原則として取得請求に応じる義務があるのがデメリット
- メリットとデメリットを天秤にかけて判断すべき

5 従業員持株会への活用

　取得請求権付株式は従業員持株会でも実際に活用されています。

　いつでも会社に買い取ってもらえる仕組みにしておけば、従業員は安心して持株会に加入することができます。

取得請求権付株式
　➡　従業員持株会でも活用されている

いつでも会社に買い取ってもらえる仕組み
　➡　従業員は安心して持株会に加入することができる

　現在の株主に対して追加の出資をお願いする手段としても、取得請求権付株式の利用価値は高いと思います。

　取得請求権付株式を用いるデメリットは、資金不足であれば別に資金を調達しないと株式の買戻しができないことや、業績悪化による分配可能額の不足など、経営が悪化した場合に対処不能となる点ですが、会社の業績が比較的安定しており、そういった不安がないのであれば、その活用方法はさまざまに考えられるでしょう。

第7章　取得請求権付株式の活用法　147

6 取得請求権付株式の発行方法

　取得請求権付株式を発行するには、株主総会の特別決議により、発行可能種類株式総数と株主が会社に対してその株式を取得することを請求することができる旨やその期間、さらには株式1株と引き換えに交付する財産の内容、数、金額またはそれらの算定方法、株式と引き換えに他の株式を交付するときはその株式の種類、数またはその算定方法を定款に定めて登記します（会社法第107条第2項第2号、第108条第1項第5号、第2項第5号、第309条第2項第11号、第466条、第911条第3項第7号）。

　この登記によって、第三者も種類株式の発行状況を知ることができるわけです。

株主総会の特別決議

　発行可能種類株式総数

　株主がその株式を取得することを請求することができる旨やその期間

　株式1株と引き換えに交付する財産の内容、数、金額またはそれらの算定方法

　株式と引き換えに他の株式を交付するときはその株式の種類、数またはその算定方法

→ 定款に定めて登記

なお、定款の定めの例としては、以下のものがあります。

（取得請求権付甲種類株式）

　第○条　甲種類株主は、会社法第461条に定める限度額（注1）を限度として、次に定める取得の条件で当社が甲種類株式を取得するのと引き換えに金銭の交付を請求することができる。

①　取得と引き換えに甲種類株主に交付する金銭の額

　法人税基本通達9－1－14による評価額（注2）

②　取得請求が可能な期間

　平成○年○月○日から平成○年○月○日までとする。

（注1）　この金額が分配可能額であり、これを超えては自己株式の取得はできないため、定款にその旨を記載しています。
（注2）　法人税法上の時価を表す通達です。

　ここで取得請求権付株式を発行する場合の株主総会における定款変更手続をみてみましょう。具体的には臨時株主総会を開催し、以下のような議事録を作成します。

臨時株主総会議事録

平成　年　月　日　午後　時　分より、当社の本店において臨時株主総会を開催した。

　　発行済株式総数　　　　株

　　議決権のある株主数　　　名

　　その議決権の数　　　個

第7章　取得請求権付株式の活用法　**149**

出席株主数　　名
その議決権の数　　個
議事録の作成に係る職務を行った取締役
　代表取締役　○○○○
議長　代表取締役　○○○○

　以上の出席により、本臨時総会は適法に成立したので、議長は開会を宣し、議事に入った。

第1号議案　　定款の一部変更の件
　議長は、発行する株式の内容についての種類株式発行に関する定めを置くため、定款を次のとおり変更したい旨を述べ、その理由を説明し、賛否を問うたところ、全員一致をもって下記のとおり満場異議なく承認可決した。

（発行可能株式の総数）
　第○条　当社の発行可能株式の総数は20,000株とする。
（発行する各種類の株式の内容および数）
　第○条　当社の発行する各種類の株式の内容および発行可能種類株式の総数は次のとおりとする。
　普通株式　10,000株
　甲種類株式　10,000株
（取得請求権付甲種類株式）
　第○条　甲種類株主は、会社法第461条に定める限度額（分配可能額）を限度として、次に定める取得の条件で当社が甲種類株式を取得するのと引き換えに金銭の交付を請求することができる。
①　取得と引き換えに甲種類株主に交付する金銭の額
　法人税基本通達9－1－14による評価額 [注]
②　取得請求が可能な期間
　平成　年　月　日から平成　年　月　日までとする。

　議長は、以上をもって本日の議事を終了した旨を述べ、午

150

後　時　分閉会した。

　以上の決議を明確にするため、議長ならびに出席取締役およ
び出席監査役は次に記名押印する。

　平成　年　月　日

　○○県○○市○○町○丁目○○番地
　株式会社　○○○○

　議長　代表取締役　○○○○　　　印
　　　　取締役　　　○○○○　　　印
　　　　取締役　　　○○○○　　　印
　　　　監査役　　　○○○○　　　印

（注）　法人税法上の時価を表す通達です。

7 株式の買取価額の問題

　株式の買取価額について、時価との差額があれば税務面において贈与や寄付金の問題が起こるのではないかという危惧もあるかもしれません。

　このため取得と引き換えに株主に交付する金銭の額として、法人税基本通達9－1－14による評価額（これは、法人税法上の時価です）としておくことが望ましいでしょう。

　この方法であれば、会社側の課税問題は特に生じないためです。

　なおこれは第8章の取得条項付株式についても同様です。

株式の買取価額の問題

➡ 時価との差額があれば贈与や寄付金の問題が起こるのではないか

➡ 税務上の時価により算定する方法

➡ 課税問題は生じないと考えられる

➡ 取得条項付株式についても同様

8 取得請求権の対価の種類

　取得請求権の対価としては現金預金によるのが普通ですが、何もこれに限る必要はありません。

　会社に取得請求権付株式をもつ株主がほしい現金預金以外の他の財産があれば、それを株式の対価として交付することもできます。

　たとえば対価として普通株式を交付する方法もあり、その場合の取得請求権は普通株式への転換請求権になります。

　筆者の経験では、取得請求権付株式と引き換えに、会社が所有するある「不動産」がほしいといった株主がいたのですが、理由を聞くと「そこは自分が生まれ、育った場所である」という答えが返ってきました。

　その株主にとってまさしくそこは思い出の場所であり、おおいに納得しました。

第7章　取得請求権付株式の活用法　**153**

第 **8** 章

取得条項付株式の活用法

1 取得条項付株式とは

　取得条項付株式は取得請求権付株式とは逆に、会社側が取得する権利をもっている株式です（会社法第108条第1項第6号）。

　オプションの種類でいえば、会社側に買う権利であるコール・オプションのついた株式です。

　株式の対価として現金預金で取得する場合には、取得条項付株式の発行は借入金に近づくことになります。

　その際に特に期日を定める場合にはそれが顕著に現れます。期日まで資金を提供してもらい、期日がきたら返済するのですから、借入金に近いわけです。

　ただし株式発行期間中は株式ですから、利息ではなくて配当金を支払うことになります。

　その面が借入金とは相違するのですが、負債と株主資本の中間のような株式であるといえるでしょう。

取得条項付株式

➡️ 会社側が取得する権限をもっている株式

➡️ コール・オプション付株式

現金預金を対価として取得する場合

➡️ 取得条項付株式の発行は借入金に近づく

➡️ 特に期日を定める場合にはそれが顕著に現れる

利息ではなくて配当金を支払う

➡️ 負債と株主資本の中間のような株式

2 事業承継における活用

　取得条項付株式の取得の対価は金銭に限らず、社債や他の種類の株式など幅広い設定ができます。

　これを利用して、議決権制限株式について取得条項をつけておき、いつでも普通株式に転換できるようにしておくこともでき、これを利用した事業承継対策が可能になります。

取得条項付株式の取得の対価
　➡　金銭に限らず社債や他の種類の株式など幅広い設定ができる

議決権制限株式について取得条項をつけておく
　➡　普通株式に転換できるようにしておくこともできる

　たとえば相続時精算課税制度を利用して、複数の後継者候補に議決権制限付かつ取得条項付株式を贈与しておき、事業の後継者が確定した時点で、後継者のもつ株式を議決権制限株式から普通株式に転換すれば、後継者のみが議決権を手にすることができます。

相続時精算課税制度を利用

➡️ 複数の後継者候補者に議決権制限付かつ取得条項付株式を贈与

事業の後継者が確定

➡️ 後継者のもつ株式を議決権制限株式から普通株式に転換

➡️ 後継者のみが議決権を手にすることができる

　また、これとは逆に議決権のある株式に取得条項を付しておき、これを複数の後継者候補に贈与した後で、後継者以外の者のもつ株式を議決権制限株式に転換することもできます。

議決権のある株式に取得条項を付しておく

➡️ これを複数の後継者候補者に贈与

➡️ 後継者以外の者のもつ株式を議決権制限株式に転換することもできる

　さらにこれらとは別の方法として、後継者以外の者に相続させる株式を取得条項付株式にしておけば、会社は自由にその株式を買い取ることが可能であり、少数株主対策の心配がなくなります。

　これらの方法は、実際に事業承継対策において利用されてい

第8章　取得条項付株式の活用法　**159**

る方法です。

既発行の株式のすべて、あるいは特定の種類株式を取得条項付株式に変更する場合には、対象となる株主全員の同意が必要ですが（170ページ参照）、株主がオーナー経営者１人である場合にはこの点が障害となることはないでしょう。

後継者以外の者に相続させる株式を取得条項付株式にしておく

→ 会社は自由にその株式を買い取ることが可能

→ 少数株主対策の心配がなくなる

3 資金調達における活用

　たとえば第三者割当増資により取得条項付株式を発行して資金調達を行った場合には、会社に資金的な余裕が出た時点で買い取ることができますし、一定の日を決めて買い取ることもできます。

第三者割当増資により取得条項付株式を発行

➡ 会社に資金的な余裕が出た時点で買い取ることができる

➡ または一定の日を決めて買い取ることもできる

　取得条項付株式を資金的な余裕が出た時点で、金銭で償還する場合には、期限のない借入金とみることもできます。いわゆる「ある時払いの催促なし」という借入金に近いものになります。

　一定の日に金銭で償還することを定めた場合には、借入金に限りなく近づきますが、株主は利息ではなく配当金を受け取ることになるので、その時の会社の業績によってその金額が変わる点が借入金と異なります。

　なお取得条項を満たした一部の株式のみを取得するといったこともできます。

第8章　取得条項付株式の活用法　161

これを利用し、取得条項について、たとえば「発行済株式総数のうち一定割合を超えた株数をもつ株主から取得する」とすれば、株式の取得による会社の乗っ取りの防衛策にもなります。

取得条項について

➡ 発行済株式総数のうち一定割合を超えた株数をもつ株主から取得する

➡ 会社の乗っ取りの防衛策になる

4 株式上場時の活用

　株式を上場させる際に、役員や従業員に上場への協力を求める意味から株式を割り当てることがあります。

　しかし、上場前に役員や従業員が会社を辞めた場合に、退職後も株主でいるのであれば、会社への協力をしないで上場に伴う利益だけを得ることになります。

　こういった場合に、退社を「一定の事由」として会社側が株式を取得できるようにしておけば、退職者から強制的に株式を買い取ることができるため、退職者が株式の上場により、労せずしてキャピタルゲインを得ることはできなくなります。

会社を上場させる際

➡️ 　役員や従業員に株式を割り当てることがある

役員や従業員が会社を辞めた場合

➡️ 　退職後も株主でいる

➡️ 　会社への協力なしに上場の利益だけを得ることができる

会社の退社を「一定の事由」として会社側が株式を取得できるようにしておく

➡️ 　退職者から強制的に株式を買い取ることができる

第8章　取得条項付株式の活用法　**163**

退職者が労せずしてキャピタルゲインを得ることはできなくなる

5 従業員持株会での活用

　取得条項付株式は上場を目指していない普通の会社においても、従業員持株会で活用されています。

　退社を「一定の事由」として、退職者から会社側が株式を取得できるようにしておけば、退職者の死亡等で株式がさらに分散するのを防止できます。

　実務上はこの利用方法がいちばん普及しているようです。

取得条項付株式

➡ 従業員持株会で活用されている

退社を「一定の事由」として会社側が株式を取得できるようにしておく

➡ 退職者から株式を買い取ることができる

➡ 退職者の死亡等で株式がさらに分散するのを防止できる

---

6 取得条項付株式の発行方法

　取得条項付株式を発行するには、株主総会の特別決議により、発行可能種類株式総数と会社が一定の事由が生じた日または別に定める日にその株式を取得する旨、さらには株式1株と引き換えに交付する財産の内容、数、金額またはそれらの算定方法、株式と引き換えに他の株式を交付するときはその株式の種類、数またはその算定方法を、定款に定めて登記します（会社法第107条第2項第3号、第108条第1項第6号、第2項第6号、第309条第2項第11号、第466条、第911条第3項第7号）。

　ここでも登記をみることにより、取得条項付株式の内容が第三者にもわかるような仕組みになっています。

　なお定款を変更し、その発行する株式のすべてを取得条項付株式とする場合には、株主全員の同意が必要となります（会社法第110条）。また、ある種類の株式のすべてを取得条項付株式とする場合には、当該種類株主全員の同意が必要になります（会社法第111条第1項）。

株主総会の特別決議

> 発行可能種類株式総数
>
> 会社が一定の事由が生じた日または別に定める日にその株式を取得する旨
>
> 株式1株と引き換えに交付する財産の内容、数、金額またはそれらの算定方法
>
> 株式と引き換えに他の株式を交付するときはその株式の種類、数またはその算定方法

➡ 定款に定めて登記

➡ 第三者にもわかる仕組み

発行する株式のすべてを取得条項付株式に変更する場合

➡ 株主全員の同意が必要

この定款の定めの例としては以下のものがあります。

（取得条項付乙種類株式）

　第○条　当社は、平成○年○月○日以降いつでも、会社法第461条に定める限度額を限度として、次に定める取得の条件で乙種類株主から乙種類株式を取得することができる。

①　一部取得の場合は、取得の順序は抽選その他の方法により決定する。

②　取得と引き換えに乙種類株主に交付する金銭の額

> 法人税基本通達 9 − 1 −14による評価額 [注]

(注)　法人税法上の時価を表す通達です。

　ここで取得条項付株式を発行する場合の株主総会における定款変更手続をみてみましょう。具体的には臨時株主総会を開催し、以下のような議事録を作成します。

臨時株主総会議事録

　平成　年　月　日　午後　時　分より、当社の本店において臨時株主総会を開催した。
　　発行済株式総数　　　　株
　　議決権のある株主数　　名
　　その議決権の数　　個
　　出席株主数　　名
　　その議決権の数　　個
　　議事録の作成に係る職務を行った取締役
　　　代表取締役　○○○○
　　議長　代表取締役　○○○○

　以上の出席により、本臨時総会は適法に成立したので、議長は開会を宣し、議事に入った。

第１号議案　　定款の一部変更の件
　議長は、発行する株式の内容についての種類株式発行に関する定めを置くため、定款を次のとおり変更したい旨を述べ、その理由を説明し、賛否を問うたところ、全員一致をもって下記のとおり満場異議なく承認可決した。

（発行可能株式の総数）

第○条　当社の発行可能株式の総数は20,000株とする。

（発行する各種類の株式の内容および数）

第○条　当社の発行する各種類の株式の内容および発行可能種類株式の総数は次のとおりとする。

普通株式　10,000株

乙種類株式　10,000株

（取得条項付乙種類株式）

第○条　当社は、平成　年　月　日以降いつでも、会社法第461条に定める限度額を限度として、次に定める取得の条件で乙種類株主から乙種類株式を取得することができる。

① 　一部取得の場合は、取得の順序は抽選その他の方法により決定する。

② 　取得と引き換えに乙種類株主に交付する金銭の額
　　　法人税基本通達9－1－14による評価額 (注)

議長は、以上をもって本日の議事を終了した旨を述べ、午後　時　分閉会した。

以上の決議を明確にするため、議長ならびに出席取締役および出席監査役は次に記名押印する。

平成　年　月　日

○○県○○市○○町○丁目○○番地

株式会社　○○○○

議長　代表取締役　○○○○　　印

　　　取締役　　　○○○○　　印

　　　取締役　　　○○○○　　印

　　　監査役　　　○○○○　　印

（注）　法人税法上の時価を表す通達です。

また、取得条項付株式を発行する方法としては以下の3通り

があります。ただし、既存の普通株式や種類株式の一部についてだけ取得条項をつけることはできません。

イ　新しく取得条項付株式を発行する場合

　この場合には定款変更のための株主総会の特別決議が必要です。これにより他の種類株主に損害を及ぼすおそれがある場合には、さらにその種類株主総会の特別決議が必要です。

ロ　すでに発行している全株式に取得条項を付す場合

　この場合には定款変更のための株主総会の特別決議だけでなく、株主全員の同意が必要です。

ハ　すでに発行している種類株式に取得条項を付す場合

　この場合には定款変更のための株主総会の特別決議だけでなく、当該種類株主全員の同意が必要です。

　なおロとハで株主や種類株主全員の同意を必要としているのは、一定の条件を満たせば株式が強制的に買い上げられることになるからです。

　また株式の取得は、その対価が他の株式である場合を除いて分配可能額の枠内である必要があり、この枠を超えた取得はできません（会社法第170条第5項、第461条第2項）。

7 取得条項付株式の取得方法

　取得条項付株式については、株式の発行後に一定の要件を満たせば、それだけで株式の取得をすることができます。

　取得についての理由の説明は必要ありませんし、価格の決定方法も事前に決まっているため、株主の同意もいらず、事務的に進めることができます。

　ただし株主に対して事前の通知が必要です。

　全部取得条項付株式の場合には、取得の際にも株主総会の特別決議や理由の説明が必要となるのですが、この点は第9章で解説します。

取得条項付株式

➡ 株式の発行後、一定の要件を満たす場合

➡ それだけで株式の取得をすることができる

➡ ただし株主に対して事前の通知が必要

全部取得条項付株式の場合

➡ 取得の際にも株主総会の特別決議と理由の説明が必要となる

第 9 章

全部取得条項付株式の活用法

1 全部取得条項付株式とは

　全部取得条項付株式とは、株主総会の特別決議によって会社がその種類株式の全部を取得できる株式です（会社法第108条第1項第7号）。

　旧商法においては存在していませんでしたが、会社法において初めて登場した株式です。

　これは次のページの100％減資が旧商法ではむずかしかったことから、それを可能にするために生まれたものです。

　なお100％減資とは、株主を100％入れ替えることをいいます。

全部取得条項付株式

　➡　株主総会の特別決議によって会社がその種類株式の全部を取得できる株式

100％減資が旧商法ではむずかしかった

　➡　これを可能にするために会社法において生まれた

2 100％減資での活用

　旧商法では、たとえば債務超過の会社が100％減資を行いたい場合には、全株主の同意が必要とされていました。

　このため少数株主が多数存在する場合には、少数株主の反対により100％減資を行うのが困難でした。

　少数株主にとって債務超過となった責任をとるべきは大株主である経営者であって、自分たちではなく、自分たちはむしろ被害者であるという思いが強かったからです。

旧商法

➡ 債務超過の会社が100％減資を行いたい場合

➡ 全株主の同意が必要とされていた

少数株主が多数存在する場合

➡ 少数株主の反対により100％減資を行うのが困難だった

　しかし債務超過会社などについて、会社法では株主総会の特別決議で既存の株式を全部取得条項付株式に変更し、株式を全部取得することができることとなったため、100％減資を行うことができるようになりました。

　ただし、少数株主保護の観点からは問題は残りますので、定

第9章　全部取得条項付株式の活用法　175

款変更に反対する株主には会社に対する株式買取請求が認められています（会社法第116条第1項第2号）。

　なお、少数株主のスクイーズアウト（締出し）に関しては、平成26年改正会社法により特別支配株主の株式等売渡請求の制度（52ページ参照）ができたため、非上場会社は現在では株主総会の特別決議を必要とする全部取得条項付株式よりも、これを必要としない特別支配株主の株式等売渡請求の制度を利用するのが一般的になっています（会社法第179条）。

会社法

➡　株主総会の特別決議

➡　既存の株式を全部取得条項付株式に変更

➡　株式を全部取得が可能

➡　100％減資を行うことが可能

少数株主保護の観点

➡　反対株主には会社に対する株式買取請求権

少数株主のスクイーズアウト

➡　全部取得条項付株式よりも特別支配株主の株式等売渡請求の制度が一般的

3 全部取得条項付株式の 利用の手順

　全部取得条項付株式の利用の手順を一通りみておきましょう。

　まず新種の株式についての定款の定めを置いて種類株式発行会社となります（会社法第108条第2項第7号）。このための定款変更は株主総会の特別決議によります（会社法第309条第2項第11号、第466条）。

　次にすでに発行した株式の全部を全部取得条項付株式に変更するための定款変更決議を行います（会社法第111条第2項）。このためには、すでに発行している株式をもつ株主の株主総会の特別決議が必要です（会社法第324条第2項第1号）。

　三番目に、株主総会の特別決議で一定の事項を定めて全部取得条項付株式を取得する旨の決議を行い、これを全部取得します（会社法第171条第1項、第309条第2項第3号）。

　この自己株式の消却を行うと同時に、新種の株式を発行することになります。

　これによって既存の株主はいなくなり、新たな株主が生まれます。

第9章　全部取得条項付株式の活用法　177

> 新種の株式についての定款の定めを置いて種類株式発行会社となる
>
> ⇒ 株式の全部を全部取得条項付株式に変更してこれを全部取得する
> ⇒ 自己株式の消却を行うと同時に新種の株式を発行する
> ⇒ 既存の株主はいなくなり、新たな株主が生まれる

　この手続では種類株式発行会社となる決議（定款変更決議）、すでに発行した株式の全部を全部取得条項付株式に変更する決議（定款変更決議）、その全部取得株式を取得する決議の三つの決議を一つの株主総会の特別決議で同時に行うことができます。

> 種類株式発行会社となる決議（定款変更決議）
> すでに発行した株式の全部を全部取得条項付株式に変更する決議（定款変更決議）
> 全部取得株式を取得する決議
>
> ⇒ 三つの決議を一つの株主総会の特別決議で同時に行うことができる

　一方で少数株主が株主総会の特別決議で決定した価格に納得しない場合には、裁判所に価格決定の申立てができるため、少

数株主に対して十分な説明がないと、ここから先は解決に時間がかかることから、この制度の採用は解決が遅延する問題を引き起こす可能性があります（会社法第172条）。

少数株主が納得いかない場合

➡ 裁判所に価格決定の申立てができる

➡ この制度の採用は別の問題を引き起こす可能性がある

全部取得条項付株式を会社が取得するには、取締役が取得を必要とする理由を説明したうえで、株主総会の特別決議により取得対価とその割当てに関する事項、取得日を定めます（会社法第171条）。

なお全部取得条項付株式の取得決定にあたり、他の種類株式を発行している場合でも、種類株主総会の特別決議は必要ではありません。

全部取得条項付株式

➡ 取締役が取得を必要とする理由を説明

➡ 株主総会の特別決議

➡ 取得対価とその割当てに関する事項、取得日を定める

種類株式を発行している場合

➡ 種類株主総会の特別決議は不要

4 少数株主対策での活用

　少数株主をなくす方法としては全部取得条項付株式を利用して100％減資（株主の100％入替え）を行う方法があります（会社法第108条第1項第7号）。

　これを利用すると株主総会の特別決議で株式を株主から強制的に取得することが可能です（会社法第171条第1項、第309条第2項第3号）。

　しかし、たとえば債務超過会社でない場合には、少数株主保護の観点から問題があり、これを実行する合理的な理由が必要であると考えられています。

　特に中小企業では、債務超過会社を除いて、こういった方法での敵対的株主に対する防衛策は同族株主間の紛争を引き起こすことが考えられるため、あまりお勧めできません。

全部取得条項付株式を利用した100％減資

　➡　これを実行する合理的な理由が必要

敵対的株主に対する防衛策としての活用

　➡　同族株主間の紛争を大きくすることが考えられる

　➡　あまりお勧めではない

第 10 章

拒否権付株式の活用法

| ケース・スタディ | 事業承継における拒否権付株式の活用 |

　当社は100%オーナー会社ですが、後継者候補として現在は専務取締役である長男がいます。社長は70歳になるのを機に第一線を退き会長になるとともに、長男が新たに社長に就任すると同時に長男に株式を承継させる予定です。

　この際、現在は長男に資金力がないため、相続時精算課税制度を利用して、20%の税率で自社株式を贈与することを考えています。

　しかし社長からみて長男はまだまだ頼りなく、株式を移転させた後も経営上の最終的な決断についての決定権を留保したいと考え、会長として新たに拒否権付株式を1株保有することにしました。

　これにより長男に事業を継がせた後、仮に長男が暴走してもそれをチェックできる仕組みを構築する予定です。

　ただし、拒否権付株式が相続等によって後継者以外の者に相続されないように、拒否権付株式は後継者に相続させる旨を遺言書で明らかにしておき、かつ定款で相続発生時には拒否権が無効になるように設定しておくことを考えています。

1 拒否権付株式とは

　拒否権付株式とは、株主総会（取締役会を設けている会社ではさらに取締役会も対象となります）において決議すべき事項について、株主総会決議や取締役会決議のほかに拒否権付株主を構成員とする種類株主総会の決議があることを必要とするものです（会社法第108条第1項第8号、第323条）。

　これはいわゆる「黄金株」ともいわれており、種類株式のなかでも普及率がきわめて高いものです。

　ここで経営についての重要な事項とは、取締役の選任や解任、会社の合併や事業譲渡等です。

　株主総会決議だけでなく拒否権付株主の種類株主総会の決議がないと、これらを行えないようにするわけです。

拒否権付株式

➡ 株主総会において決議すべき事項

➡ 株主総会決議のほかに種類株主総会の決議があることを必要とするもの

➡ いわゆる「黄金株」

経営についての重要な事項

➡ 取締役の選任や解任、会社の合併や事業譲渡等

第10章　拒否権付株式の活用法　**183**

2 事業承継での活用

　ケース・スタディにあるように、事業承継の際に、たとえば相続時精算課税制度を利用して、オーナー経営者が後継者に株式の大部分を移転させることがあります。

　相続時精算課税制度とは、原則として60歳以上の父母または祖父母から、20歳以上の子または孫に対し、財産を贈与した場合において選択できる贈与税の制度です。

　その際には2,500万円までは無税で、それを超える部分は20%の税率で贈与税を計算します。

　ただし、この制度を利用した場合の贈与財産は相続時に相続財産に組み込まれ、相続税の課税対象となります。

　後継者である長男に株式を移転させた後も経営上の最終的な決断についての決定権を留保したいときは、会長がこの拒否権付株式を1株保有することでそれが可能になります。

　これにより後継者に事業を継がせた後も、その暴走をチェックできる仕組みとなります。

たとえば相続時精算課税制度を利用

➡ オーナー経営者が後継者に株式の大部分を移転させる

経営上の最終的な決断についての決定権を留保したいとき

➡ オーナー経営者が拒否権付株式を1株保有

➡ 後継者の暴走をチェックできる仕組みとなる

　こういった利用方法以外にも、オーナー経営者に拒否権付株式1株を発行しておき、遺言書によりこれを後継者に相続させることで、相続時に仮に株式の分散が起こったとしても、経営に関する重要事項について後継者の意思を反映させることができます。

オーナー経営者に拒否権付株式1株を発行

➡ 遺言書によりこれを後継者に相続させる

➡ 経営に関する重要事項について後継者の意思を反映させることができる

　ただし、後継者の議決権割合が過半数に満たないような場合には、拒否権だけがあっても思いどおりにはなりません。

　拒否権は積極的に何かを成し遂げるものではなく、断ることができるだけであるからです。

　ニッチもサッチもいかない、いわゆるデッドロック状態に

なってしまいます。

　したがって、後継者には過半数以上（できれば株主総会特別決議要件の3分の2以上）の株式を保有させることが重要です。

後継者の議決権割合が過半数に満たないような場合

➡ 拒否権だけがあっても思いどおりにはならない

➡ いわゆるデッドロック状態

➡ 後継者には過半数以上の株式を保有させることが重要

3 拒否権付株式の リスク対策

　この拒否権付株式のリスクとして、これが第三者の手に渡った場合には、その株主に常に拒否権を行使されると経営が成り立たなくなるということがあげられます。

　したがって拒否権付株式では、他の種類株式以上にそのリスク対策が重要です。

　拒否権付株式に譲渡制限をつけるのはもちろんのこと、拒否権付株式が相続によって後継者以外の者に相続されないように、後継者に相続させる旨を遺言書で明らかにしておき、かつ後継者の相続発生時には拒否権が無効になるように設定しておく必要があります。

　さらに相続等により株式を取得した者に対して、その株式を会社に売り渡すことを請求することができる旨を定款で定めておき（会社法第174条）、株主総会決議で買い取るか（会社法第175条）、現株主の死亡やデッドロック状態の発生をもって会社が買い取ることを規定しておく取得条項付株式（会社法第108条第1項第6号）とするなどの工夫が必要です。

　つまり何重にも防衛線を張ることが大切です。

第10章　拒否権付株式の活用法　**187**

拒否権付株式のリスク

→ 第三者の手に渡った場合

→ その株主に常に拒否権を行使されると経営が成り立たない

→ 譲渡制限株式・取得条項付株式としておくことが望ましい

4 ベンチャーキャピタルへの活用

　上場準備中の会社にベンチャーキャピタルが出資をする際に、たとえば第三者割当増資や事業譲渡について拒否権を行使できるようにするために、出資の条件として拒否権付株式とするように求めることがあります。

　これはベンチャーキャピタルが経営者に対する監視機能をもつことで、投資の回収を確実なものにするためです。

ベンチャーキャピタルが出資をする際

➡ 第三者割当増資や事業譲渡について、拒否権付株式とするように求めることがある

経営者に対する監視機能をもつ

➡ 投資の回収を確実なものにする

5 合弁会社への活用

　複数の会社が出資することにより一つの合弁会社を設立する際に、出資割合が小さい参加会社に拒否権付株式を与えることで、経営に対して影響力をもたせることができます。

合弁会社を設立する際

➡　出資割合が小さい場合であっても拒否権付株式を与える

➡　経営に対して影響力をもたせることができる

6 所有と経営の分離への活用

　中小企業においても、オーナー一族が経営に参画せず、優秀な経営者に経営を委任することがあります。

　この際に、経営者に対して役員報酬の引下げや解任についての拒否権付株式を与えておくことで、経営者とオーナー一族との力関係がバランスのとれたものとなり、所有と経営がうまく分離できます。

　これとは別に、オーナー一族の持株割合が、たとえば相続等による株式の分散により少ない場合であっても、オーナー一族の株式に事業譲渡や合併等に対する拒否権を与えておけば、オーナー一族の支配権が留保されることになります。

オーナー一族が経営に参画せず、優秀な経営者に経営を委任する場合

➡ 経営者に対して役員報酬の引下げや解任についての拒否権を与える

➡ 経営者とオーナー一族との力関係がバランスのとれたものとなる

➡ 所有と経営がうまく分離できる

第10章　拒否権付株式の活用法　**191**

オーナー一族の持株割合が少ない場合

→ オーナー一族の株式に事業譲渡や合併等に対する拒否権

→ オーナー一族の支配権が留保される

7 買収防衛策としての活用

　オーナー経営者に対して拒否権付株式を発行し、オーナー経営者が組織再編についての拒否権をもつことで、買収防衛策としての活用が可能です。

　これは株式がすでに分散しており、オーナー経営者の持株数が過半数に達していない場合には、特に有効な方法です。

オーナー経営者に対して拒否権付株式を発行

➡ オーナー経営者が組織再編についての拒否権をもつ

➡ 買収防衛策としての活用が可能

株式の分散によりオーナー経営者の持株数が過半数に達していない場合等

➡ 非常に有効な方法

第10章　拒否権付株式の活用法　**193**

8 拒否権付株式の発行方法

　拒否権付株式を発行するには、株主総会の特別決議により、発行可能種類株式総数と種類株主総会の決議があることを必要とする事項、種類株主総会の決議を必要とする条件を定めるときはその条件を定款に定めて登記します（会社法第108条第1項第8号、第2項第8号、第309条第2項第11号、第466条、第911条第3項第7号）。

　この登記により、拒否権の存在が第三者にもわかる仕組みになっています。

株主総会の特別決議

　　発行可能種類株式総数

　　種類株主総会の決議があることを必要とする事項

　　種類株主総会の決議を必要とする条件を定める
　　ときはその条件

　➡　定款に定めて登記

　➡　第三者にもわかる仕組み

　この定款の定めの例として、以下のものがあります。

（拒否権付丙種類株式）

　第○条　当社が取締役の選任および解任、事業の全部または一部の譲渡、合併、会社分割、株式交換、株式移転または解散を行う場合には丙種類株式の株主を構成員とする丙種類株主総会の決議を必要とする。

　ここで拒否権付株式を発行する場合の株主総会における定款変更手続をみてみましょう。具体的には臨時株主総会を開催し、以下のような議事録を作成します。

臨時株主総会議事録

平成　年　月　日　午後　時　分より、当社の本店において臨時株主総会を開催した。
　発行済株式総数　　　　株
　議決権のある株主数　　名
　その議決権の数　　　個
　出席株主数　　名
　その議決権の数　　　個
　議事録の作成に係る職務を行った取締役
　　代表取締役　　○○○○
　議長　代表取締役　　○○○○

　以上の出席により、本臨時総会は適法に成立したので、議長は開会を宣し、議事に入った。

第1号議案　　定款の一部変更の件
　議長は、発行する株式の内容についての種類株式発行に関す

第10章　拒否権付株式の活用法　195

る定めを置くため、定款を次のとおり変更したい旨を述べ、その理由を説明し、賛否を問うたところ、全員一致をもって下記のとおり満場異議なく承認可決した。

（発行可能株式の総数）
　第○条　当社の発行可能株式の総数は20,000株とする。
（発行する各種類の株式の内容および数）
　第○条　当社の発行する各種類の株式の内容および発行可能種類株式の総数は次のとおりとする。
　普通株式　10,000株
　丙種類株式　1株
（拒否権付丙種類株式）
　第○条　当社が取締役の選任および解任、事業の全部または一部の譲渡、合併、会社分割、株式交換、株式移転または解散を行う場合には丙種類株式の株主を構成員とする丙種類株主総会の決議を必要とする。ただし○○氏が死亡した場合、当該拒否権は無効となる。

　議長は、以上をもって本日の議事を終了した旨を述べ、午後　時　分閉会した。
　以上の決議を明確にするため、議長ならびに出席取締役および出席監査役は次に記名押印する。

　平成　年　月　日

　○○県○○市○○町○丁目○○番地
　株式会社　○○○○

　議長　代表取締役　○○○○　　　印
　　　　取締役　　　○○○○　　　印
　　　　取締役　　　○○○○　　　印
　　　　監査役　　　○○○○　　　印

9 税法での評価について

　平成19年度税制改正により種類株式についての評価方法が明確になり、拒否権付株式については、評価上の配慮は特に行わない旨が明らかとなっています。

　これは議決権については原則として評価しないことの反射（裏返し）と考えられます。

　経営上は大きな意味がある拒否権は、税務上は評価対象にならないので、課税の問題の心配をすることなく、これが利用されています。

平成19年度税制改正

→ 拒否権付種類株式について、評価上の配慮は特に行わない

第 11 章

役員選任権付株式の活用法

| ケース・スタディ | 役員選任権付株式の事業承継での活用 |

当社は株式譲渡制限会社ですが、その歴史的な経緯から二つの同族株主グループが存在しており、かつ従来からその仲はあまりよくありません。

これまでも、役員、特に取締役の選任は、一つのグループから2人ずつ選任してきたのですが、会社法により設けられた役員選任権付株式を利用して、現在の方法を制度化しようと思っています。

特に最近は株主の相続が繰り返されており、株主がかわることで暗黙のルールが崩れてしまうことを心配していましたが、この方法を用いればその不安はなくなりそうです。

1 役員選任権付株式とは

　役員選任権付株式は、種類株主総会において取締役または監査役を選任することを定めた株式です（会社法第108条第1項第9号）。

　この株式を発行した場合には、種類株主総会でのみ役員を選任することになるため、全体の株主総会で役員を選任することはなくなります。

役員選任権付株式

➡ 種類株主総会において取締役または監査役を選任することを定めた株式

➡ 種類株主総会でのみ役員を選任

➡ 全体の株主総会で役員を選任することはなくなる

　なお役員選任権付株式は、株式譲渡制限会社でのみ発行可能です。公開会社と委員会設置会社では、これを発行することができません（会社法第108条第1項ただし書）。

役員選任権付株式

➡ 株式譲渡制限会社でのみ発行可能

➡ 公開会社と委員会設置会社では発行できない

　役員選任権付株式のリスクとして、これが第三者の手に渡った場合には、拒否権付株式と同様に経営に対して脅威となるリスクがあります。

　これを防ぐには役員選任権付株式を拒否権付株式と同様に譲渡制限株式や取得条項付株式としておくことが重要です。

役員選任権付種類株式のリスク

➡ 第三者の手に渡った場合、経営に対して脅威となるリスク

➡ 譲渡制限株式や取得条項付株式としておくことが重要

2 事業承継での活用

　事業承継の際に、生前にオーナー経営者が後継者に株式の大部分を移転させることがあります。

　株式を移転させた後も役員の選任・解任についての決定権を留保したいときは、オーナー経営者がこの役員選任権付株式を1株保有することでそれが可能になります。

　つまり、全役員の選任権と解任権をもつことができます。役員選任権付株式をもつことで、いつでも後継者の人事を取り消すことができるわけです。

　これにより拒否権付株式と同様に、後継者に事業を継がせた後、暴走が起きたとしてもチェックできる仕組みとなります。

オーナー経営者が後継者に株式の大部分を移転させる

➡️ その後に役員の選任・解任についての決定権を留保したいとき

➡️ オーナー経営者が役員選任権付株式を1株保有

➡️ 後継者の暴走をチェックできる仕組みとなる

　こういった利用方法以外にも、オーナー経営者に役員選任権付種類株式1株を発行しておき、遺言書によりこれを後継者に相続させることで、仮に株式の分散が起こったとしても、役員

の選任・解任について後継者の思いどおりにすることができます。

　ただしこの際には、役員選任権付株式を譲渡制限株式にしておくのはもちろんのこと、役員選任権付株式が相続によって後継者以外の者に相続されないように、後継者に相続させる旨を遺言書で明らかにしておくとともに、後継者の死亡による相続発生時には役員選任権が無効になるように定款でその内容を設定しておく、あるいは取得条項付株式にしておく必要があります。

オーナー経営者に役員選任権付種類株式1株を発行

➡　遺言書によりこれを後継者に相続させる

➡　役員の選任・解任について後継者の意思を反映させることができる

3 通常の役員選任・解任での活用

　役員選任権付株式を利用すれば、甲種類株主総会で取締役を
2名、乙種類株主総会で取締役を2名選任するといったことが
可能となります。

　たとえばケース・スタディにあるように、一つの会社に二つ
の同族株主グループがある場合などにおいて、各株主グループ
を代表した取締役をそれぞれ選ぶことができます。

　歴史の古い会社で相続等により株式が分散している場合など
に適した方法といえるでしょう。

　ただし、各種類株主総会で選任された役員は、種類株主では
なく会社全体に対して善管注意義務や忠実義務を負いますの
で、注意してください。

甲種類株主総会で取締役を2名選任
乙種類株主総会で取締役を2名選任

➡ 各株主グループを代表した取締役をそれぞれ選
　　ぶことができる

➡ 歴史の古い会社で相続等により株式が分散して
　　いる場合などに適した方法

　また役員選任権付株式を発行した場合には、選任だけでなく

第11章　役員選任権付株式の活用法　**205**

解任も同様に種類株主総会の決議によることになるため（会社法第347条第1項）、容易に解任されないようにするために役員選任権付株式を利用することもできます。

役員選任権付株式を発行した場合

→ 選任だけでなく解任も同様に種類株主総会の決議による

→ 容易に解任されないために利用することができる

4 ベンチャー
キャピタルへの活用

　株式の上場準備をしている会社にベンチャーキャピタルが出資する際に、役員選任権付株式の発行を受ければ、ベンチャーキャピタルは必ず役員を送り込むことができます。

　こういった方法での経営監視も今後は増えてくると思われます。

ベンチャーキャピタルが出資する際

➡ 役員選任権付株式を発行

➡ ベンチャーキャピタルは必ず役員を送り込むことができる

➡ 経営監視に効果的

5 合弁会社への活用

　複数の会社が出資することにより一つの合弁会社を新たに設立する際に、各出資会社に対して異なる種類の役員選任権付株式を割り当てれば、出資会社はそれぞれの代表となる取締役を選ぶことができます。

合弁会社を新たに設立する際

➡ 異なる種類の役員選任権付株式を割り当てる

➡ 出資会社はそれぞれの代表となる取締役を選ぶことができる

6 資本提携等での活用

　役員選任権付株式は他社との資本提携を行ったり、経営支援を受ける際に役員を受け入れる手段として有効です。

　当該他社にこの株式を割り当てることで、当該他社にも役員選任権が生まれるからです。

　この場合には出資の金額がいくらであるかにかかわらず、この株式を発行することが役員を受け入れる根拠となります。

　また、数社の経営統合（合併や持株会社設立等）の前段階として相互に役員選任権付株式を発行して、役員構成を共通にする方法もあります。

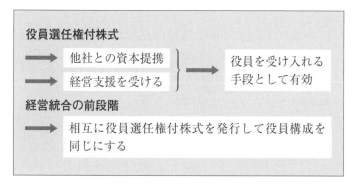

第11章　役員選任権付株式の活用法

7 役員選任権付株式の発行方法

役員選任権付株式を発行するには、株主総会の特別決議により、発行可能種類株式総数と種類株主総会において取締役または監査役を選任することおよびその人数等を定款に定めて登記します（会社法第108条第1項第9号、第2項第9号、第309条第2項第11号、第911条第3項第7号）。

この登記により、役員選任権の存在が第三者にもわかる仕組みになっています。

株主総会の特別決議

- 発行可能種類株式総数
- 種類株主総会において取締役または監査役を選任すること
- 取締役または監査役の人数等

➡ 定款に定めて登記

➡ 第三者にもわかる仕組み

この定款の定めの例として、以下のものがあります。

（役員選任権付甲および乙種類株式）

第○条　甲種類株式の株主は、甲種類株式の株主を構成

員とする甲種類株主総会において、取締役3名および監査
役1名を選任する。

　2　乙種類株式の株主は、乙種類株式の株主を構成員とす
る乙種類株主総会において、取締役1名および監査役1名
を選任する。

　ここで役員選任権付株式を発行する場合の株主総会における
定款変更手続をみてみましょう。具体的には臨時株主総会を開
催し、以下のような議事録を作成します。事業承継での活用を
想定し、後継者（○○氏）の死亡による相続発生時には役員選
任権が無効になる内容になっていることに注意してください。
この場合、同族株主グループの役員選任権を維持するために
は、役員選任権付株式の保有者において相続が発生するたびに
定款変更を行う必要があります。

臨時株主総会議事録

平成　年　月　日　午後　時　分より、当社の本店において臨
時株主総会を開催した。

　　発行済株式総数　　　　株

　　議決権のある株主数　　　名

　　その議決権の数　　　個

　　出席株主数　　　名

　　その議決権の数　　　個

　　議事録の作成に係る職務を行った取締役

　　　代表取締役　　○○○○

　　議長　代表取締役　　○○○○

以上の出席により、本臨時総会は適法に成立したので、議長は開会を宣し、議事に入った。

第1号議案　　定款の一部変更の件
　議長は、発行する株式の内容についての種類株式発行に関する定めを置くため、定款を次のとおり変更したい旨を述べ、その理由を説明し、賛否を問うたところ、全員一致をもって下記のとおり満場異議なく承認可決した。

（発行可能株式の総数）
　第○条　当社の発行可能株式の総数は20,000株とする。
（発行する各種類の株式の内容および数）
　第○条　当社の発行する各種類の株式の内容および発行可能種類株式の総数は次のとおりとする。
　普通株式　10,000株
　役員選任権付甲種類株式　5,000株
　役員選任権付乙種類株式　5,000株
（役員選任権付甲および乙種類株式）
　第○条　甲種類株式の株主は、甲種類株式の株主を構成員とする甲種類株主総会において、取締役2名および監査役1名を選任する。ただし○○氏が死亡した場合、当該役員選任権は無効となる。
　2　乙種類株式の株主は、乙種類株式の株主を構成員とする乙種類株主総会において、取締役2名および監査役1名を選任する。ただし○○氏が死亡した場合、当該役員選任権は無効となる。

　議長は、以上をもって本日の議事を終了した旨を述べ、午後　　時　　分閉会した。
　以上の決議を明確にするため、議長ならびに出席取締役および出席監査役は次に記名押印する。

212

平成　年　月　日

○○県○○市○○町○丁目○○番地
株式会社　○○○○

議長　代表取締役　○○○○　　　印
　　　取締役　　　○○○○　　　印
　　　取締役　　　○○○○　　　印
　　　監査役　　　○○○○　　　印

第 **12** 章

株主ごとの異なる定めの活用法

1 株主ごとの異なる定めとは

　会社法第109条第２項では、株式譲渡制限会社では①剰余金の配当を受ける権利、②残余財産の分配を受ける権利、③株主総会における議決権について、株主ごとに異なる取扱いを行う旨を定款で定めることができるとしています。

会社法第109条第２項

➡　株式譲渡制限会社

　　①剰余金の配当を受ける権利

➡　②残余財産の分配を受ける権利

　　③株主総会における議決権

➡　株主ごとに異なる取扱いを行う旨を定款で定めることができる

　これはいわゆる属人的株式と呼ばれるもので、「株式」ではなくそれをもつ「株主」の属人的性格（属性）によって株式の内容が変わるわけです。

　株式譲渡制限会社の閉鎖性に鑑みて、定款自治の幅を最大限広く解することで経営の自由度を高め、三つの基本的な株主の権利について株主によって差をつけることを可能にしたのです。

定款自治の究極の姿といってよいでしょう。

これは旧商法では株式会社について認められていなかったのですが、有限会社法のなかで旧有限会社について認められていた制度です（ただし、あまり利用されていませんでした）。

なお、この制度はいまだ普及しておらず、株主平等の原則から大きくはずれるため、法的な安定性に欠けるのではないかという批判がありますので、安易な採用は控えるほうが無難です。

属人的株式

➡️ 株式ではなくそれをもつ株主の属性によって株式の内容が変わる

株式譲渡制限会社の閉鎖性

➡️ 定款自治の幅を最大限広く解した

➡️ 三つの権利について株主によって差をつけることを可能にした

➡️ 定款自治の究極の姿

➡️ 有限会社法のなかで旧有限会社について認められていた制度

たとえば創業者が佐藤姓であれば、佐藤一族を優遇して佐藤姓の株主はそうでない株主の2倍の配当を受け取るといったこともできます。

1人1議決権や配当金の頭割り、つまり1人いくらといった

配当も可能ですし、逆に後継者1人に議決権や配当金を多数・多額に与えることも可能です。

一部の実務家はこれをVIP株式と呼んでいますが、言い得て妙といえるでしょう。

これを利用することで、後継者に1株で議決権の過半数をもつ株式や、そのストックオプションを与えることもできます。

さらには、株主の地位に応じて株式の内容を変化させることもできます。

たとえば、代表取締役である株主はそうでない株主の100倍の議決権をもつとすることもできます。

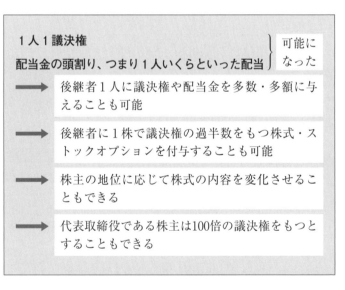

また、事業承継にあたり後継者候補が複数いる場合に、その候補者たちがすでに株主であれば、後継者の決定と同時に後継

者以外の候補者についての議決権を制限するという定款の定め
を置けば、後継者のみに議決権が残ります。

　ただし、他の候補者の不満を招かないよう他の候補者の株式
を配当優先株式や取得請求権付株式とするなどの配慮が必要で
しょう。

事業承継にあたり後継者候補者が複数いる場合

➡　後継者以外の候補者についての議決権を制限する定款の定め

➡　後継者のみに議決権が残る

　なお、属人的株式は株式ではなく株主ごとに異なる取扱いを
行うものなので、種類株式ではありませんが、種類株式とみな
して法を適用することにしています（会社法第109条第3項）。

属人的株式

➡　株式ではなく株主ごとに異なる取扱いを行うもの

➡　種類株式ではない

➡　種類株式とみなして法を適用することにしている

第12章　株主ごとの異なる定めの活用法　**219**

2 属人的株式の発行方法

　属性に基づいて株主権の内容に差をつける場合には、株主総会の特殊決議により定款で定めます。

　この特殊決議は原則として総株主の半数以上であって、総株主の議決権の4分の3以上に当たる多数決であり、特別決議よりも頭数要件と議決権要件が厳しくなっています（会社法第309条第4項）。

属性に基づいて株主権の内容に差をつける場合

➡　株主総会の特殊決議により定款で定める

特殊決議

➡　原則として総株主の半数以上でありかつ議決権の4分の3以上に当たる多数決

➡　特別決議よりも頭数要件と議決権要件が厳しい

　なおこの場合、登記については種類株式とはみなされず、登記手続はいりません。

　したがって、第三者にはその存在がわからないといった問題があるため、この制度の利用の可能性のある会社では、常に定款を取り寄せてみておく必要があります。

登記については種類株式とはみなされず、登記手続はいらない

➡ 第三者にはその存在がわからないといった問題がある

➡ 常に定款を取り寄せてみておく必要がある

　また、この定款の定めの例としては、以下のものがあります。

　これは株式譲渡制限会社において、剰余金の配当について株主甲を優遇する場合の定款例です。

（剰余金の配当の取扱い）

　第○条　当会社が剰余金の配当を行う場合、株主甲は配当する剰余金の総額の2分の1に当たる金額について配当を受けるものとし、その残額について他の株主がその頭数の合計で除した金額ずつの配当を受けるものとする。

3 税務上の留意点

　ここまでみると、属人的株式は事業承継対策において、夢のような設定が可能なのですが、属人的株式の最大の問題は、税務上の評価方法が明確でない点です。

　平成19年2月19日に国税当局から公表された、「相続等により取得した種類株式の評価について（照会）」において、完全無議決権株式については原則として議決権の有無を考慮せずに評価することが明らかにされています。

　この考え方に従えば、逆に1株で議決権の過半数をもつような株式でも、原則として評価については特段の調整はなされないことになります。

「相続等により取得した種類株式の評価について（照会）」

➡ 完全無議決権株式については原則として議決権の有無を考慮せずに評価

1株で議決権の過半数をもつような株式

➡ 原則として評価については特段の調整はなされない

　しかし本当にそう取り扱ってよいのか、現段階での税務上の評価方法は、はっきりとしていません。

議決権の評価があまりにもむずかしいため、とりあえず評価の対象外とした可能性もおおいにありえます。

　こういった高度な判断を伴う事例に関して、国税当局は「事実認定の問題」であるといい、実態に即してケース・バイ・ケースで判定する例が多いことも気になります。

　つまりその時々の状況によって、評価の考え方が変わる可能性が大きいわけです。

　この評価方法の問題が属人的株式の導入の最大のネックになっており、ここが解決されない限りは属人的株式の普及は進まないと思います。

　また、配当を多額に受ける権利をもつ株式も、類似業種比準価額が高額となるだけでなく、ケースによっては配当金が寄付金とみなされた結果、寄付金の認定課税を受ける可能性もあり、税務上の評価の問題が解決されるのを待ったほうがよさそうです。

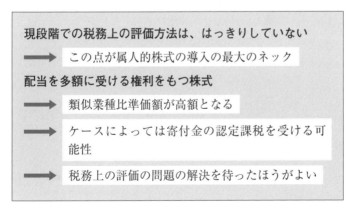

第 **13** 章

平成19年度税制改正における
種類株式の評価

1 無議決権株式 (第一類型)の評価について

　平成19年度税制改正において、種類株式についての評価方法が明確になり、これは現在も変化ありません。

　具体的には平成19年2月19日に国税当局から公表された「相続等により取得した種類株式の評価について（照会）」において、完全無議決権株式については原則として議決権の有無を考慮せずに評価しますが、一定の条件を満たす場合には原則的評価方式により評価した価額から5％をマイナスするとともに、その5％部分を他の議決権のある株式の評価額に加算して申告できることが明らかとなっています。

　つまり相続税の総額は変わらないのですが、各相続人が負担する相続税額について、無議決権株式を相続する相続人は若干軽くなり、議決権株式を相続する相続人は若干重くなるわけです。

完全無議決権株式

　➡　原則として議決権の有無を考慮せずに評価

一定の条件を満たす場合

　➡　原則的評価方式により評価した価額から5％を
　　　マイナス

> その５％部分を他の議決権のある株式の評価額に加算して申告できる

> 相続税の総額は変わらない

各相続人が負担する相続税額について

> 無議決権株式を相続する相続人は若干軽くなる

> 議決権株式を相続する相続人は若干重くなる

　評価方法が明確にされたことで、それまでは不確定要素の強かった完全無議決権株式を利用した事業承継が可能となったわけです。

　実際にこれを利用した事業承継対策において、ここで示された評価が行われており、特に問題は発生していません。

　議決権について、原則として評価の対象とならない点が明確にされたのは画期的なことといえるでしょう。

　ただし完全無議決権株式を相続させる場合には、後継者以外の相続人は相続税が軽減される一方で、普通株式を相続する後継者はその分相続税が加重されることから、後継者はその負担を負うことになります。

　換言すると、その５％の上乗せ部分に係る相続税額が実質的な経営権の価額といえるでしょう。後継者は、この５％分の負担により完全無議決権株式を相続する相続人から経営権を買い取ることができるわけです。後継者が他の相続人から不満なく議決権株式を相続するためのコストとしてはきわめて低コスト

といえるでしょう。

> 5％の上乗せ部分に係る相続税額
> ➡ 実質的な経営権の価額
>
> 後継者は5％分の負担により他の相続人から経営権を買い取ることができる
> ➡ 議決権株式を相続するためのコストとしてはきわめて低コスト

　無議決権株式（社債類似株式を除く）の評価における5％ディスカウントの条件は以下のとおりです。

> イ　当該会社の株式について、相続税の法定申告期限までに、遺産分割協議が確定していること。
> ロ　当該相続または遺贈により、当該会社の株式を取得したすべての同族株主から、相続税の法定申告期限までに、当該相続または遺贈により同族株主が取得した無議決権株式の価額について、調整計算前のその株式の評価額からその価額に5％を乗じて計算した金額を控除した金額により評価するとともに、当該控除した金額を当該会社の議決権のある株式の価額に加算して申告することについての届出書が所轄税務署長に提出されていること。
> ハ　当該相続税の申告にあたり、「取引相場のない株式（出

資）の評価証明書」に、次の算式に基づく無議決権株式
および議決権のある株式の評価額の算定根拠を適宜の様
式に記載し、添付していること。

【算式】

無議決権株式の評価額（単価）＝ A×0.95

議決権のある株式への加算額＝（A×無議決権株式の総
数（注1）×0.05）＝ X

議決権のある株式の評価額（単価）＝（B×議決権のある
株式の株式総数（注1）＋ X）÷議決権のある株式の株式
総数（注1）

A……調整計算前の無議決権株式の１株当りの評価額

B……調整計算前の議決権のある株式の１株当りの評価額

（注1）「株式の総数」は、同族株主が当該相続または遺贈に
　　　 より取得した当該株式の総数をいう（配当還元方式に
　　　 より評価する株式および社債類似株式を除く）。

（注2） 社債類似株式を発行している場合には、さらに調整
　　　 が必要となる。

2 配当優先の株式 (第一類型)の評価について

　同じ第一類型に属する配当優先株式を類似業種比準価額方式により評価する場合は、「1株当り配当金額」について株式の種類ごとに計算し、純資産価額方式により評価する場合には配当優先による影響を考慮しないことになりました。

　つまり配当優先部分は類似業種比準価額方式では株価に反映され、純資産価額方式では株価に反映されないわけです（82ページ参照）。

配当優先株式

類似業種比準価額方式により評価する場合

　➡　「1株当り配当金額」について株式の種類ごとに計算

純資産価額方式により評価する場合

　➡　配当優先による影響を考慮しない

---

3 社債類似株式 (第二類型)の評価について

　累積型・非参加型の配当優先株であり、議決権がなく、一定期間後に償還されるなど、以下のイからホの要件を満たす社債類似株式（第二類型）についてはこれを社債として評価します。

　なおこれは配当優先株式と取得条項付株式の組合せです。

社債類似株式（第二類型） ➡ 社債として評価

イ　配当金については優先して分配する。

　　また、ある事業年度の配当金が優先配当金に達しないときは、その不足額は翌事業年度以降に累積することとするが、優先配当金を超えて配当しない（累積型・非参加型の配当優先株）。

ロ　残余財産の分配については、発行価額を超えて分配は行わない。

ハ　一定期日において、発行会社は本件株式の全部を発行価額で償還する。

ニ　議決権を有しない。

ホ　他の株式を対価とする取得請求権を有しない。

第13章　平成19年度税制改正における種類株式の評価　**231**

4 拒否権付種類株式 (第三類型)の評価について

　拒否権付種類株式（第三類型）については、拒否権を考慮せずに評価します。

　これにより、会社法的には大きな意味をもっている拒否権（会社法第108条第1項第8号）について、相続税法上はまったく評価からはずれることが明らかとなりました。

　つまり事業承継対策に利用することによるメリットがある一方で、（第三者にこれが渡るリスクを除いて）税金面でのデメリットの心配がいらないわけです。

拒否権付種類株式（第三類型）

➡　拒否権を考慮せずに評価

事業承継対策に利用することによるメリット

➡　税金面でのデメリットの心配がいらない

◆コラム◆遺言書について

相続が争続となるいちばんの理由は、遺言書がないためであることが多いのですが、一度こじれた親族内の人間関係が元に戻ることはありません。

そういった事例をみるにつけ、筆者は資産家には遺言書を書く道義的な義務があると思っています。

さらに相続財産の金額が数億円にのぼるなど多額である場合には、コストと手間はかかりますが、公正証書遺言にするのが望ましいと思います。

公正証書遺言は、公証人役場で作成する際に立会人2人の存在が必要であることから、秘密がもれる可能性はありますが、資産家の相続財産に関しては金額的にみても、効力についての問題が起きない公正証書遺言が最もふさわしいでしょう。

なお公正証書遺言ではなく自筆証書遺言や秘密証書遺言を作成する場合には、弁護士等の専門家のアドバイスを求めて、形式上の不備により無効とならないよう、法的に問題のない遺言書の作成を行うようにしてください。

相続財産の金額が多額である場合

➡ コストと手間はかかるが公正証書遺言にするのが望ましい

立会人2人の存在が必要である

➡ 秘密がもれる可能性はある

➡ 効力についての問題が起きない公正証書遺言が最もふさわしい

自筆証書遺言や秘密証書遺言を作成する場合

➡ 弁護士等の専門家のアドバイスを求める

➡ 法的に問題のない遺言書の作成を行うことが大事

【事項索引】

［ア行］

黄金株 ………………………… 183

［カ行］

会計監査権限 ………………… 46
株式会社の機関設計 …… 10,43
株式の買取価額の問題 …… 152
株主総会議事録の閲覧請
　求権 ………………………… 24
株主総会の招集請求権 … 25,26
株主総会の特別決議 …… 7,64
株主平等の原則 ………… 6,34
株主有限責任制 ……………… 4
完全無議決権株式 …………… 90
完全無議決権株式の評価
　………………………………… 107
議決権制限株式 …………… 90
議題提案権 ……………… 26,44
共益権 ………………………… 72
業務監査権限 ………………… 46
拒否権付株式 ………………… 183
拒否権付株式のリスク …… 187
金庫株 ……………… 15,20,32
公開会社 ……………… 40,114
合弁会社 ……………………… 100
５％の上乗せ部分 ………… 227

［サ行］

債権者保護 …………………… 2

債務超過会社 ……………… 175
参加型優先株式 …………… 79
残余財産分配請求権 ……… 72
自益権 ………………………… 72
弱肉強食の原則 …………… 7
従業員持株会 ………… 28,147
取得条項付株式 …………… 156
取得請求権付株式 ………… 138
取得請求権の対価 ………… 153
種類株式についての評価
　方法 ………………… 82,226
種類株式の追加、内容の
　変更 ………………………… 65
種類株主総会の特殊決議
　………………………………… 125
純資産価額方式 …………… 82
少数株主権 ………… 22,24,26
少数株主保護 ………………… 5
譲渡制限株式 ……………… 113
譲渡を承認する機関 ……… 117
所有（株主）と経営（取
　締役）の分離 …………… 11
スクイーズアウト ………… 176
税務上の評価方法 ………… 222
先買権者・買受人 ………… 120
全部取得条項付株式 …… 53,174
相続税評価額 ………………… 84
属人的株式 ………………… 216

234

[タ行]

第三者割当増資 ……… 145,161
単独株主権 ………… 23,24,26
定款自治の原則 ……… 7,34,56
デッドロック状態 ………… 185
特定同族会社の留保金課
　税 ………………………… 103
特別支配株主の株式等売
　渡請求 …………………… 52
特別利害関係者 ………… 117
取締役会議事録の閲覧請
　求権 …………………… 24,25
取締役の解任請求権 ……… 25

[ハ行]

買収防衛策 ……………… 193
配当請求権 ……………… 72
非参加型 ………………… 79

非累積型 ………………… 81
ベンチャーキャピタル
　………… 99,143,189,207
ぼんくら息子対策 ………… 39

[マ行]

みなし承認制度 ………… 134

[ヤ行]

役員選任権付株式 ……… 201
遺言書 ……………… 187,233
有限会社法 ………………… 6
優先株式 ………………… 73

[ラ行]

類似業種比準価額方式 …… 82
累積型 …………………… 81
劣後株式 ………………… 73

事項索引　**235**

■ 著者略歴 ■

都井　清史（とい　きよし）

1960年3月1日生まれ（兵庫県伊丹市出身）
1983年神戸大学経営学部会計学科卒業
1988年公認会計士都井事務所を設立
2005年税理士登録
[著書]
『KINZAIバリュー叢書　粉飾決算企業で学ぶ実践「財務三表」の見方【増補改訂版】』
『コツさえわかればすぐ使える粉飾決算の見分け方（第3版）』
（以上、金融財政事情研究会）
『図解　超わかるキャッシュ・フロー（第2版）』（銀行研修社）
『新公益法人の会計と税務』（学陽書房）
『新公益法人の制度・税務・会計』（学陽書房）

KINZAIバリュー叢書
種類株式を活用した事業承継・相続対策

2018年7月18日　第1刷発行
2024年11月5日　第2刷発行

著　者　都　井　清　史
発行者　加　藤　一　浩
印刷所　三松堂株式会社

〒160-8520　東京都新宿区南元町19
発　行　所　一般社団法人 金融財政事情研究会
企画・制作・販売　株式会社きんざい
出版部　TEL 03(3355)2251　FAX 03(3357)7416
販売受付　TEL 03(3358)2891　FAX 03(3358)0037
URL http://www.kinzai.jp/

※2023年4月1日より企画・制作・販売は株式会社きんざいから一般社団法人
　金融財政事情研究会に移管されました。なお連絡先は上記と変わりません。

・本書の内容の一部あるいは全部を無断で複写・複製・転訳載すること、および
　磁気または光記録媒体、コンピュータネットワーク上等へ入力することは、法
　律で認められた場合を除き、著作者および出版社の権利の侵害となります。
・落丁・乱丁本はお取替えいたします。定価はカバーに表示してあります。

ISBN978-4-322-13285-4